治癒系香港半日遊
綠野藍天的讚禮
Indulge Yourself in The Natural Beauty of Hong Kong
Relaxing Half-Day Itinerary

空と緑のおもてなし

香港
癒やしの半日旅

池上千恵

はじめに

生まれて初めて野生の蛍を見たのは香港の山の中だった。
日暮れとともに小川のそばの草むらから
いくつもの暖色の光がふわ~っと浮き上がったその様は、
繰り返し語るほどに忘れられないものとなっている。

香港のメインアイコンは高くそびえるビル群と、
そのビルが放つ華やかな光で彩られた
夜景なのは間違いない。
けれども、そこからちょっと先へ行けば、
静かな波が寄せる海や豊かな緑、
人知を尽くして造られた施設と
季節の日差しのコラボレーションや
のんびりとした時間の流れる島や村といった原風景と、
これもまた香港らしい
柔らかなアイコンが散らばっている。

この本でご案内するのは
すべて公共の交通機関でいけるところ。
迷子になったり、
バスを乗り間違えたりと失敗もしながら
いつもとは違うところを目指し、
車窓を流れる見慣れぬ風景にときめき、
たどり着いたときの達成感と高揚感。
その道の先へ行ってみようという気持ちに向かって
動きだしたときから
広い意味の「癒やし」体験は始まっているはず。

こんなところがあるんだよ、
香港って実はこんなところでもあるんだよ。
蛍の話を繰り返したのと同じ気持ちで綴った
これらの場所や眺望が、
香港のアイコンのひとつとして
心に残ってくれたら嬉しく思う。

1 香港島 Hong Kong Island

2 九龍 Kowloon

3 新界 New Territories

目次

Contents

※本書に掲載の情報は2018年12月現在のものです

本書の見方

●香港はコンパクトな土地に公共交通機関網が隅々まで張り巡らされているので、地図上のはしっこにある場所でも半日ほどあればミニトリップが可能。街の雑踏を離れて、遮るものがない広い空とふんだんな緑を享受できる「ちょっと行ってみる」スポットをまとめた。

●本書では香港を、「香港島」「九龍」「新界」「離島」の4エリアに分けて紹介する。本来は、九龍以北、中国大陸との境までのエリアと、離島も含めた広域を新界と呼ぶが、この本では便宜上、離島は別章としている。エリア分けは下のマップのとおり。

●各エリアのマップおよびアクセスは巻末にまとめて案内。アクセスは

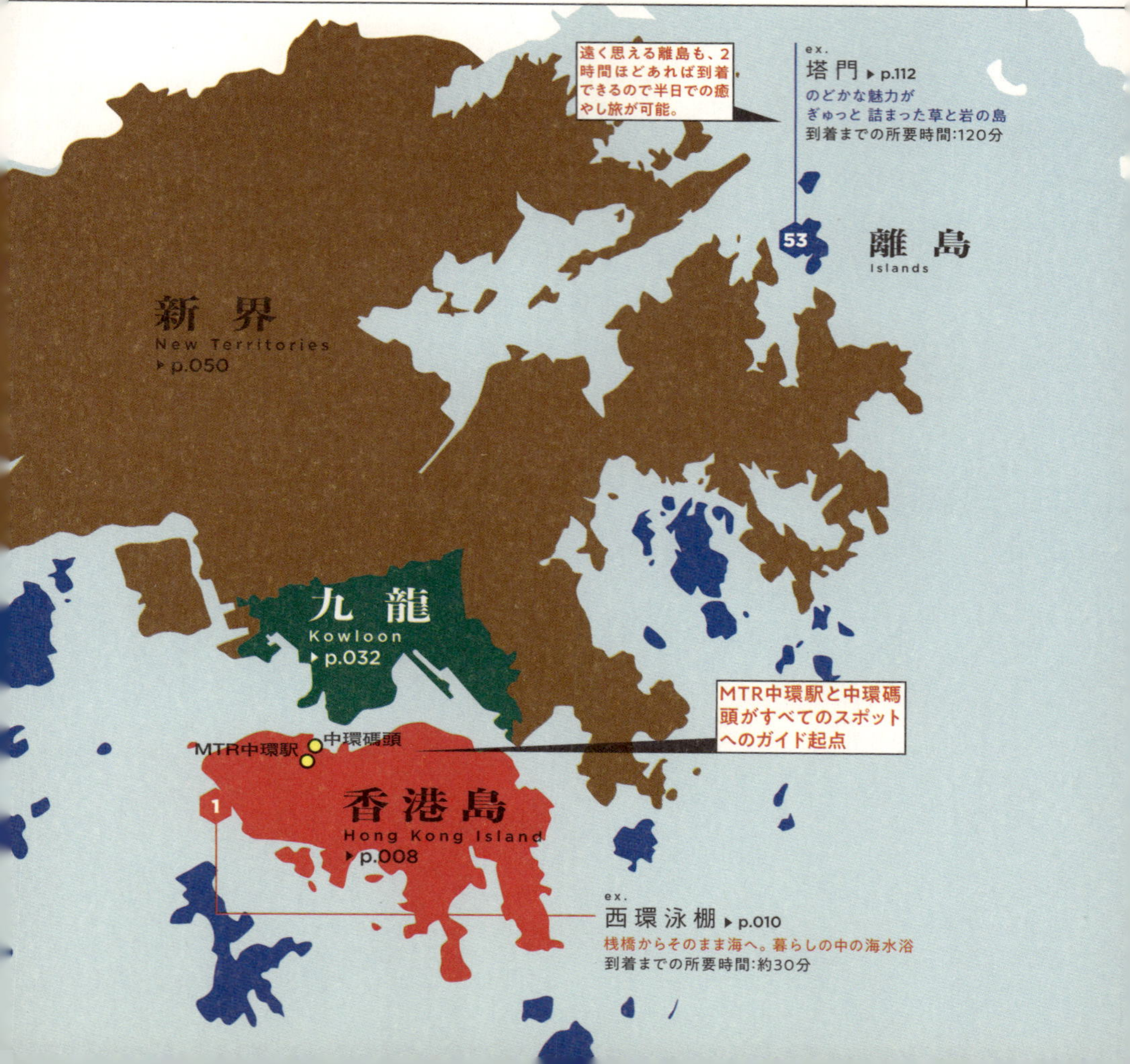

乗り換えが少なく、できるだけシンプルに動けるルートを優先し、各スポットへはMTRやバス、フェリーなど、公共交通機関を利用して移動することを基本とする。

ページの見方

1. そのスポットに特筆すべき歴史と物語などがあれば、一口メモ『歴史與資料』として特記
2. スポットやその場所の正式名称。詳細な住所がある場合は表記
3. マップの掲載ページ
4. 詳細アクセスの掲載ページ
5. 起点となる香港島のMTR中環(セントラル／Central)駅と中環碼頭(フェリー乗り場)から各スポットへのおおよその所要時間
6. アクセスの難易度。★が多いほど乗り換えが多くなり、交通手段が限られるなど難易度が上がる。けれども、到着したときは感動もひとしお!

4つのエリア

1

香港島《ヒョーンゴンドウ》

Hong Kong Island

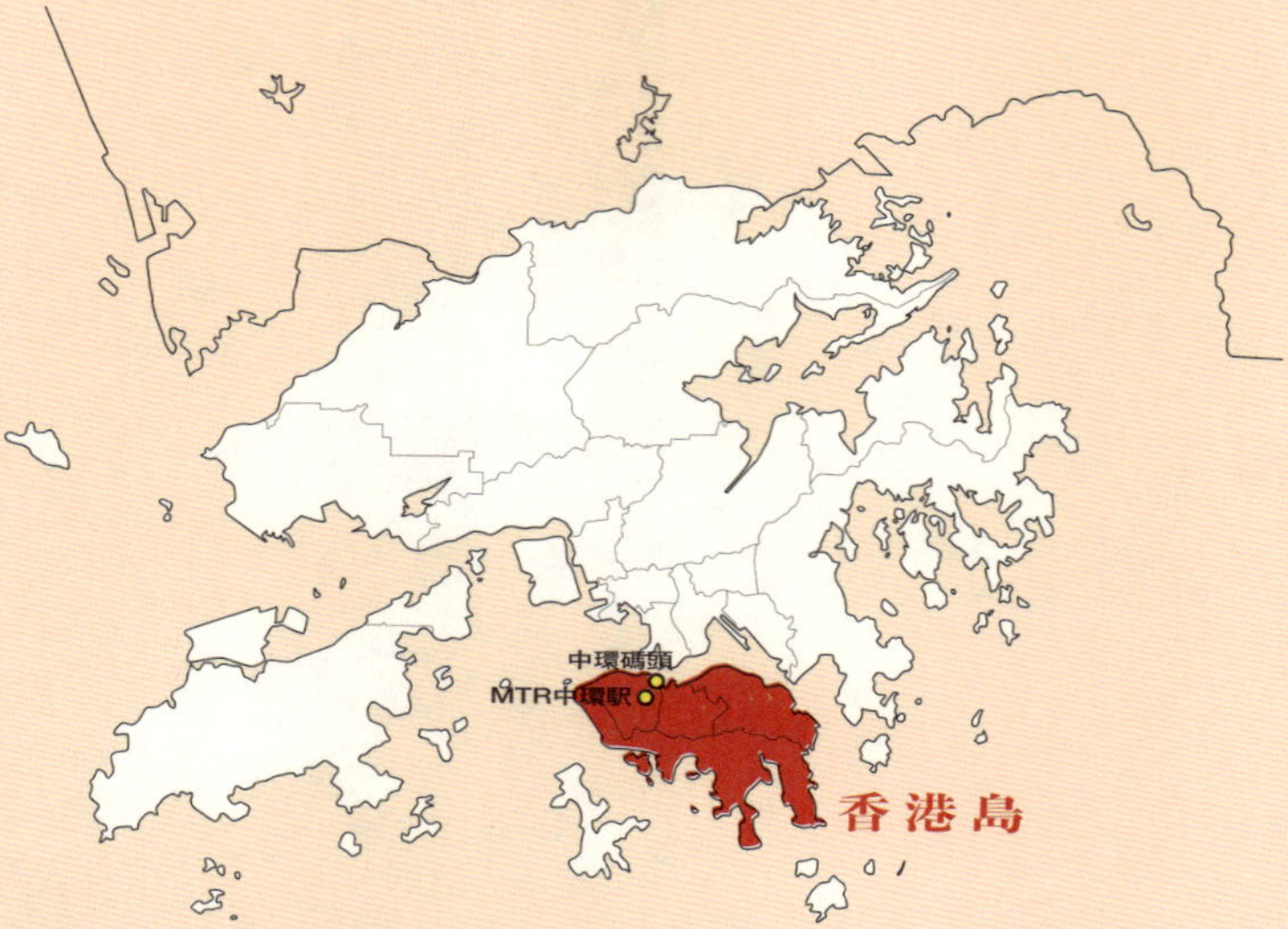

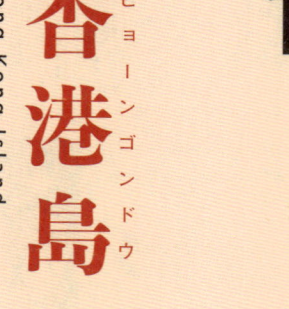

香港政府庁舎、香港警察總部、高等法院のほか、
大手銀行の本社などのビルが建ち並ぶ、
行政・司法・経済の中心地を抱える香港で2番目に広い島。
島の中央部分には横長に山が広がり、
郊野公園（カントリーパーク）として
自然環境が保護されている。
その中には１８００年代から暮らしのための貯水池が設けられ、
現在その周辺には
複数のウォーキングルートも整備されている。
周辺を囲む海は東西南北でそれぞれ表情が異なり、
南東部には美しい白砂のビーチも広がる。
空に伸びるビル群のすぐそばに
海も山もある多面的な魅力を持つ。

1

西《サイ》環《ワン》泳《ウィン》棚《パーン》

Sai Wan Swimming Shed

桟橋からそのまま海へ。暮らしの中の海水浴

History & Data | 歴史與資料

1900年代初期、市民のためのレクリエーション施設として泳棚が設けられた。1950年代に入って香港島を中心に複数の施設ができ市民利用も広がったが、1960年代後半には水質汚染と周辺の再開発のために泳棚は次々と撤去された。元々は竹で作られていた桟橋も、現在は鉄パイプ等を利用した頑強なものに架け替えられている。

難易度

★⯪☆

到着までの所要時間

約30分

泳棚とは更衣室やシャワー室などを含む海の遊泳施設の総称。しかし、ここ西環泳棚はこの桟橋を指して「泳棚」と紹介されていることが多い。1950年代には香港に10か所ほどの泳棚があり、こうした桟橋から直接海に飛び込んで海水浴を楽しむのは日常の光景だった。香港に唯一残る泳棚を朝早く訪れてみると、周辺の海は思ったより波が強く荒い。この海で泳ぐにはかなりの技量と体力が必要なのではと思っていると、初老の男性が水から上がってきた。挨拶をして少し言葉を交わすと「子供の頃からずっとここで泳いでいるか

栈橋は崖の切れ間から
海に突き出すように設けられている

ら、波には慣れているんだよ」と。詳しくはうかがえなかったが、もしかしたら80年代初頭までこの周辺の崖に張り付くように家屋が並んでいた、今はなき摩星嶺《モーシンリェン》海傍村《ホイポーンチュン》のご出身だったのかもしれない。夕陽の人気撮影スポットで夕刻にはカメラを携えた多くの人が集まるが、朝はほかに訪れる人もおらず、ザーンザーンと音を立てて打ち付ける力強い波の音が耳に響いた。

マップ ▶ p.124【香港島】 詳細アクセス ▶ p.130

2

山頂花園涼亭《サンデンファーユンリョォンテイン》

Victoria Peak Garden Pavilion

香港島の南側、離島の向こうまで続く青を見る

難易度

★⯪☆

到着までの所要時間

約80分

英国統治時代、国王の名代として香港を治めた歴代総督のための避暑施設を、第二次世界大戦後にイングリッシュガーデンに整地した。山の上の広々とした敷地を吹き抜ける風は真夏でもどこか軽やかさがあり、「避暑地」であった理由を肌に感じる。英国風の公園の先、道の突き当たりには2匹の獅子が鎮座するパビリオンが設置されていて、香港島南側の眺望が楽しめる。私が気に入っているのは、そのさらに右手奥の細い通路の先にある小さな展望台。薄扶林《ボッフーラム》(Pok Fu Lam)の山がすぐそこに横たわり、貯水池から街、その先の

History & Data

歴史與資料

元々は1862年に設立された英国軍の療養施設だったところを、1867年に第6代総督のための避暑施設に改めた。初代の建物は台風で崩壊したが年を経て再建、しかし、交通が不便であり活用はされなかった。第二次世界大戦で被害を受け、のちに一帯が整地され現在の公園となった。1902年の姿を唯一残す守衛室は法廷古蹟に指定されている。

南丫島《ナムアードウ》（Lamma Island）の発電所（P.104）の煙突もくっきりと。晴れ晴れとした見晴らしがなんとも心地いい。少しだけ風も強く感じられる山の端のこの場所は、訪れる人も少ないようでいつも独占状態。写真撮り放題で満喫している。写真映えするイングリッシュガーデンのその先に、ささやかだけれど空と緑に挟まれたこんな場所があるんだよという、地図にも載らない話をそっと。

守衛室は旧総督避暑施設の入り口。
1902 年の姿を残す
白い建物は法定古蹟となっている

Data ▶ 太平山柯士甸道山頂花園

マップ ▶ p.124【太平山】 詳細アクセス ▶ p.130

3

山《サン》頂《デン》食《セッ》水《ソイ》配《プイ》水《ソイ》庫《フ》

Peak Fresh Water Service Reservoir

ビクトリアピークの本当のピーク

難易度

★⯪☆

到着までの所要時間

約70分

香港ビューの名所、ビクトリアピークに建つピークタワーを遠くから見ると、ピーク（頂上）という名称ながら頂上から一段下がった地点にあるということがわかる。実際に訪れてみれば周辺には上方へ伸びる道もあり、「本当の頂上」と検索すると行き方情報も複数見つかる。真の頂上を目指し、ピークタワーを背に30分ほど坂を登る。草木が茂る細い脇道を進んだ先に現れるのは「食水配水庫」と書かれた貯水施設。おそらく貯水槽の上と思われるフラットな地面の先へ進むと、ピークタワーから見える高層ビル群がさらに二回り

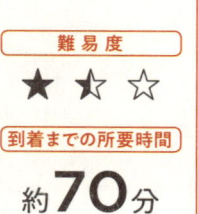

最高地点の電波塔。真っ青な空の下だと鉄骨の塔ですら美しく見える

Data ▶ 太平山柯士甸道

ほど小さくなって眼下に広がっていた。周辺の山に一部視界を遮られるものの、それでも格段に高くなった眺望に興奮も増す。しかし、実はここもズバリの頂上ではなく、少し先にある電波塔施設部分が山の頂上なのだが一般人は立ち入りは禁止。ということで、ここが、誰もが入れるエリアの最高地点、本当のピークとされている。ちょっとだけ惜しくはあるが、青空の下でてっぺんに立てた気分は最高。

History & Data | 歴史與資料

山頂周辺の生活用水は、1891 年に麓からのくみ上げ式で供給が始まった。香港には 220 か所以上ある貯水槽だが、山頂の水道水の主要供給ラインはここしかなく、周辺住民の生活用水の命綱ともいえる。貯水槽の周辺に生い茂る樹木は、断熱の役割も果たしていているとのこと。現在、香港中の貯水槽上の緑地化が同様に進められている。

マップ ▶ p.124【太平山】 詳細アクセス ▶ p.130

4

盧《ロウ》吉《ガッ》道《ドウ》

Lugard Road

100年前に作られた遊歩道からのパノラマビュー

朝、健康のために手を前後に力強く振りながら歩く地元の人たちに多く出会う。すれ違うときに「早晨《ジョウサン》」(おはよう)と声を掛け合って瞬間のローカル気分を味わう。木々の切れ間から見えるのは、香港島のビル群、九龍半島、遠くは新界の山の稜線まで。100年前、この道が作られた時に設けられた小さな展望台から望む景色は、密集して縦に伸びるビル群や埋め立てられ狭くなったビクトリア港と変化はしたが、この眺めに心地よさを感じる感覚は世紀を経てもそのままに。歩く人、走る人、散歩する人、三者三様に楽しむ姿はもちろん夜にも。夜風に鳴らす葉音を聞きながら、視界に入る輝きが少しずつ増えていく道を進んでいく。少し先の暗がりから聞こえる「わぁ!」という歓声は、大きく視界が広がるポイントに着いたからだろう。何度観てもやっぱりグッとくる香港の光、歓声にはじかれて「私も早く!」と体が自然と前のめりになる。

History & Data ｜ 歴史與資料

ピークタワーの左側に伸びる盧吉道(Lugard Road)は約100年前、1913年から14年にかけて造設された遊歩道。その名前は当時の14代香港総督サー・フレデリック・ルガードから取られた。火山噴火によってできた山の強固な岩盤に杭を打ち込み、それを橋柱として道を敷いた、香港にはここでしか用いられていない工法で造られた。

難易度

★☆☆

到着までの所要時間

約50分

扯旗山 ビクトリアピーク

マップ ▶ p.124【香港島】　詳細アクセス ▶ p.130

Data ▶ 太平山盧吉道

Data ▶ 華富瀑布灣道瀑布公園

5

瀑《ボッ》布《ボウ》／瀑《ボッ》布《ボウ》灣《ワーン》

Waterfall / Waterfall Bay

目前の海に注ぎ込む、「滝」という名の滝

難易度

★ ⯪ ☆

到着までの所要時間

約40分

香港島の南西、公園の中にある滝。どんなに調べても瀑布(滝)という名称しか見つからない、その名も「滝」という名の滝。細かな水しぶきとなって垂直に落ちる滝は、これもそのまま「滝のある湾」という意味の名の瀑布灣に注ぐ。記録にも残らないほどの昔々、この湾が活用されていた頃、香港で「滝」といえばここを指していたのだろう。真水の調達のために立ち寄る多くの外国船を受け入れていたというこの湾も、近隣の山に貯水池が完成したことで滝の水量が減り、水の供給という役割を終えた。源流は観光名所のビクトリアピークを含む連なる山にあり、澄んだ水は海へと流れ込む。湾の突端には英軍の要塞が朽ちた姿を残している。

マップ ▶ p.124【香港島】 詳細アクセス ▶ p.130

6

石澳村《セッオーチュン》

Shek O Village

素朴な古村とビーチの上の大きな空

難易度
★⯪☆

到着までの所要時間
約50分

石澳には高層住宅は一切なく、上を見れば広い空が広がっている。個性的な色に塗られた壁のモダンな家屋、特注であろう細工が施された鉄の窓枠をもつレトロな家屋。路地に入ればトタンのひさし、立てかけられたサーフボード、そして赤い花と、昔どこかで見たような海沿いの家らしい光景が。200年の歴史を持つ村は、漁師の一族が住み着いたのが始まりで、海を守る女神を祀った天后廟《ティンハウミウ》のもと、朝夕と漁や魚の仕分けでにぎわう日常が長く続いたという。地域唯一の小学校が2004年に閉校となってから子供をもつ家庭が村を離れたものの、代わりに現在は海と静かな住環境を求めた欧米人の移住者が増えている。香港各地から遊びにくる人で盛り上がるビーチで陽差しを満喫する夏、波の音しか聞こえない落ち着きの中でさざ波に足をひたすシーズンオフもまた癒やし。香港島南東部のはしっこにある小さな村は、いつ行ってもおおらかな安らぎで迎えてくれる。

Data ▶ 石澳石澳道

マップ ▶ p.124【香港島】 詳細アクセス ▶ p.130

7

華《ワー》富《フー》邨《チュン》 銀《ンガン》都《ドウ》冰《ビン》室《サッ》

Wah Fu Estate, Silver Café

創業半世紀。団地お抱え冰室の心地よさ

銀都冰室の入る棟は７階建て。地下（日本でいう１階）には商店や診療所が並んでいる

華富邨（Wah Fu Estate）は香港の有名な公営団地のひとつで、最盛期には5万人が暮らしたという。現在の住民は当時の半分ほどではあるけれど、周辺には複数の学校や大きな病院もあるため外から華富エリアに通う人もたくさんいる。その団地内にある有名店「銀都冰室」は、パンなどの軽食からがっつりランチまで楽しめる小さな飲食店で、華富邨とほぼ同い年の１９６８年開業。レモン色と青タイルを組み合わせた壁、床はモザイクタイルを敷き詰めた伝統的な香港カフェスタイルの内装が粋でいい。客層も様々で、厚手のカップを手に、おじさん同士力強い言葉で会話し、老夫婦は向かい合って静かに食事をし、おじいさんは黙々と新聞を読み込んでいて。お昼の混雑が一段落付いた店内には、地域密着の店ならではのほのぼの豊かな時間が流れていた。カップとソーサーがバラバラでスプーンはプラスチック、そんな気ままな店の心地よさに浸れるのはあと何回だろうか。

History & Data　歴史與資料

1967～69年完成の第一邨、1970～78年完成の第二邨と華富邨は二期に分かれて落成した。敷地全体には9,145戸もの住戸があり、現在は約27,000人が暮らす。建物全体の老朽化は否めず、全域の再開発計画が具体的に進行しつつある。また、MTR新駅の開設も決定済みで、あと10年もしないうちに消滅してしまう可能性が極めて高い場所といえる。

難易度

★⯪☆

到着までの所要時間

約**40**分

Data ▶ **銀都冰室**　香港仔華富村華光樓707-708號　営業時間:6:00～17:00　旧正月休

マップ ▶ p.124【香港島】　詳細アクセス ▶ p.131

8

香《ヒョン》港《ゴン》仔《ジャイ》水《ソイ》塘《トン》

Aberdeen Reservoirs

点在する歴史的建造物、水面に映える石積みの美

山の上下にふたつの貯水池がある。バスで山の上へ行き、そこから木陰の道を下ると30分ほどで上の貯水池に到着する。台風通過後だったこともあり、水量たっぷりの水面は花崗岩で作られた石橋のアーチをくっきりと映していた。工作機械もそう充分ではなかったころに、ひとつずつ削り出した歴史的建造物に刻まれた曲線の美しさ。それを保護し、今に伝える様も含めて細かな波紋に揺れているようで、しばし見とれた。その反対側、ほぼ垂直に落ちるダムには、ダム内の水溝に入るための橋がかけられている。ダムにかかる橋と

難易度

★⯪☆

到着までの所要時間

約60分

（上の貯水池まで）

上／堅強なダム周辺を含め、そのほとんどが花崗岩で造られている
下／保護のためだろうか、ダムにつながる石橋はいつの間にか立ち入り禁止になっていた

Data ▶ 香港仔郊野公園

いうのもめずらしく、また遠目に見ても重々しい欄干や鉄扉のくすみが時間の深みを感じさせてくれる。さらに10分ほど歩くと下の貯水池に。シンプルで地味な佇まいのダムだが歴史は下の方が古い。上下それぞれに香港島の生活用水を湛える、なくてはならない施設であり、政府に保護されている歴史的建造物。緑の中で刻まれて行く歴史と、今そこにある現代生活の大基盤。緑の中の時間のコントラストに不思議な感覚を覚えた。

History & Data | 歴史與資料

上の貯水池は1931年落成。ダムとバルブ小屋、石橋が法定古蹟に指定されている。下の貯水池は製紙工場の私有施設として1890年に落成。上の貯水池建設にあわせて政府が買い取り拡張整備した。上下貯水施設には、法定古蹟と歴史的建造物あわせて7つの保護対象があり、建築物マニアにも注目されている。

マップ ▶ p.124【香港島】 詳細アクセス ▶ p.131

9

香港仔避風塘《ヒョンゴンジャイベイフォントン》

Aberdeen Typhoon Shelter

高層マンションが見下ろす暮らしの中の常なる灣

避風塘とは、台風の際に船を避難させる海上のシェルターのこと。海に囲まれ漁業が盛んな香港には大小の避風塘が複数ある。香港仔《ヒョンゴンジャイ》(Aberdeen)と鴨脷洲《アーップレイジャウ》(Ap Lei Chau)を結ぶ渡し船も、避風塘に停泊しているサンパン船の間を縫うように進んで行く。避風塘を挟んだ一帯は古くから名を馳せた漁港であり、海に寄り添う土地柄から海を守る神様への信仰は厚い。鴨脷洲には南海の王と呼ばれる海神・洪聖明王が祀られた洪聖廟がある。たまたま出会った洪聖明王誕生節の祝列は、通常は道を練り歩いてやってくるところを、シャンシャンと練り物を力強く打ち鳴らしながら船でやってきた。陸に上がると出迎えた人たちも加わり、華やかなのぼりがいくつも掲げられ、鳴り物もいっそう盛大に廟までの列が続く。周辺には高層マンションが建ち並ぶようになっても、日々の営み、くつろぎや信仰も、ここでは変わらず常に海とともにある、そんな姿が垣間見られた。

History & Data　歴史與資料

香港仔に地名として名を残す石排灣が本当の灣だった1800年初め、香木の輸出港として多くの商船が往来した。香る木の港ということで、いつしか石排灣は「香港」と呼ばれるようになり、その名が全地域に広がったという「香港」発祥の地※。ここ香港仔は古くから漁港として知名度が高く、鴨脷洲はその漁船の修理工場が並んだ。

※諸説あるが、小学校の教科書に最有力説として掲載されている

難易度

★⯪☆

到着までの所要時間

約40分

Data ▶ 香港仔西避風塘

水上で生活する蛋民もわずかに残る香港仔。
警察や環境管理の見回りも
もちろん船でやってくる

香港仔ー鴨脷洲を結ぶ船。
乗船時間５分ながら
港の様子を垣間見ることができる

10

西《サイ》區《コイ》公《ゴン》眾《ゾン》貨《フォー》物《マッ》裝《ゾン》卸《セイ》區《コイ》

Western District Public Cargo Working Area

朝と夕、無骨な埠頭で過ごす気ままなとき

「Western District Public Cargo Working Area」という正式な英名があるのに、「写真映えする景観から、インスタグラム利用者の拡大と共に「Instagram Pier（インスタグラムピア）」の通称のほうが定着してきている。商業貨物のためのコンテナ輸送口で、本来は積荷業や物流業者など作業者だけが立ち入れる場所らしいが、現在のところは自己責任で一般の立ち入りもお目こぼしにあずかっている。朝は年配の人たちが体操をしたり釣り糸をたらしたりと活発に活動し、陽が傾きはじめるとウェディングドレスとタキシードで着飾

難易度
★☆☆

到着までの所要時間
約20分

Data ▶ 西區公眾貨物裝卸區　堅尼地城西區公衆貨物裝卸區　開放時間:7:00〜21:00

ったカップルがウェディングフォトの撮影に訪れる。埠頭沿いにはクレーン船が並び、ごっつい貨物コンテナに囲まれた場でありながら、開放的でそれぞれが気ままに景色を楽しむ雰囲気はやわらかい。ビクトリア港の空には夜のはじめの藍が降り、西の空には陽のオレンジが名残るころのパノラマは、夕方と夜の間を体感できるまさにマジックタイム。見慣れた街の夜景も波に近いところから見るのは新鮮で格別。

History & Data　歴史與資料

全長 880 メートルの貨物用埠頭。1990 年頃から周辺住民が夕涼みに訪れるようになり、2015 年に MTR が延伸して近くに新駅が開業すると一気に知名度を上げた。インスタグラムで拡散された景色に海外からの観光客までも惹きつけるようになったが、海への落下事故も起こっているため将来的に立ち入り制限が行われる可能性も低くはない。

11

大潭篤水塘水壩《ターイタームデュックソイトンズュウバー》

Tai Tam Tuk Reservoir Dam

法定古蹟のダム上をバスが走る

History & Data | 歴史與資料

1872年に建築計画立案。経済的理由からの中断を経て、1882年に着工し、1888年完成。2018年に落成100周年を迎えた。大潭郊野公園という自然保護域の中にあり、同エリアにあるほかの3つの貯水池と共に、香港島の生活用水をまかなっている。貯水関連の歴史的建造物も点在し、2時間ほどで回れる人気のトレッキングルートにもなっている。

難易度

★⯪☆

到着までの所要時間

約30分

ダム上の細い道、スピードを落としたバスがその道に入ると見えるのは、右手に水を湛えた貯水池、左には頑強な石造りのダム。ここ大潭篤水塘上の道では、網目のように張り巡らされた香港バスルートの中でも一、二を争うこんなレアな景色を目にすることができる。2階建てバスの車高に比べてあまりにも心許ない低い柵に驚きながらも、前のめりで車窓の外を堪能しているときに、ダム下に人がいるのが目にとまり、詳細を調べて日を改めて訪れてみた。

ダム上の道に入る少し手前でバスを降りて10分も歩かぬうちに、濃淡の

Data ▶ 大潭郊野公園

ある黒石が威圧する壮大なダムがあっさりと現れる。今のように大がかりな重機などない時代に、人の力を頼りに石を積み上げ造られたダムは12の放水口を持ち、鋭角にそびえ立つ。貯水量に応じて年に数回放水され、石の上を轟音と共に大量の水が流れ落ちる様は迫力があると同時に、その白銀の水しぶきはなんとも幻想的。いつか放水時に立ち会える機会があるといいなと願っている。

バス２階の最前列からの眺め。この道は
車両専用のため歩いて渡ることはできない

マップ ▶ p.124【香港島】 詳細アクセス ▶ p.131

12

大頭洲《ターイタウジャウ》

Tai Tau Chau

青い恋人橋を渡って訪れる小さな島

難易度

★ ⯪ ☆

到着までの所要時間

約70分

上／石澳の東端にある高級住宅街と大頭洲を恋人橋が繋ぐ
下／東側の崖は、びっしりと岩に覆われている

「洲」とは、砂が堆積してできた島のこと。現在は滞留した砂が石澳《セッオー》と大頭洲を陸続きにしているが、昔はそれぞれ分離した陸地と島だった。その砂地部分に設けられた細い通路橋が「情人橋《チンヤンキウ》」（恋人橋）。空色のコンクリート橋がなぜ恋人の橋と呼ばれるようになったのか調べても由来にはたどり着けなかったが、その通称からウェディングフォトの撮影地としても人気だそう。残暑の中、写真を撮りまくるカップルの脇をすり抜けてひとり寂しく橋を渡って訪れた大頭洲には、島をぐるりと周回できるよう道が整備されていた。東側

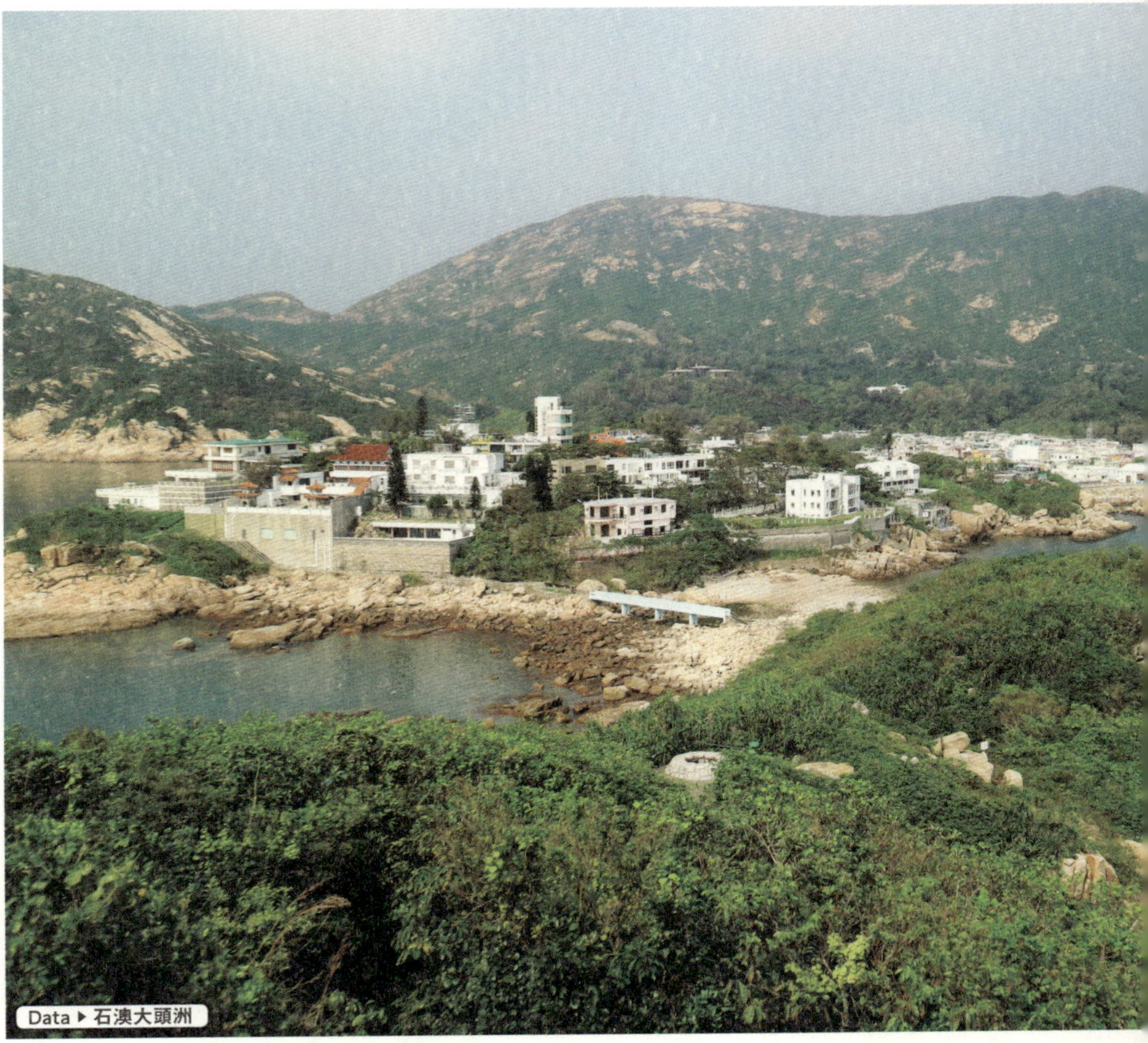

Data ▶ 石澳大頭洲

の崖には地層の隆起や亀裂が見え、島の中央には象がノシノシ歩いている姿に見えて仕方ない奇石もあった。ここもまた自然の力が作り出した世界が面白い。写真を撮りながらゆっくり進んでも頂上まで30分ほど。貿易風に吹かれながら遠い海をゆく船を眺め、高い建物のない石澳の集落を眺め、と小一時間を過ごして恋人橋に戻ってみたら先ほどのカップルはまだ熱烈撮影中だったというのは香港ではよくある話。

History & Data | 歴史與資料

地層から1億4000年前には島として存在していたとされている。島名の由来は島の形が横たわった人間の頭に似ているからとも、人の頭の形をした大岩が立っていたともいわれている。周辺高い建物がないこと、明かりが少ないことから天体観察のスポットでもあり、気象条件が合えば天の川を見ることもできる。

マップ ▶ p.124【香港島】 詳細アクセス ▶ p.131

2

九《ガウ》龍《ロン》

Kowloon

ビクトリア港の北部域。
多くの人が訪れる観光地・尖沙咀《チムサーチョイ》には
コンサートホールや美術館などの文化施設があり、
創業90年の老舗高級ホテル、ザ・ペニンシュラ香港も建つ。
西部には香港で最も高い地上１１８階建ての
高層ビル・環球貿易廣場《ワンカオマウイエッゴンチョン》（ＩＣＣ）を中心に、
高級マンションや大型公共施設が次々と開発建築中。
東部は１９９８年まで使用されていた
啟徳《カイダッ》空港（旧香港国際空港）周辺に多くの工業ビルが
建ち並び、現在、ＭＴＲ新線と新駅の開設工事が
複数箇所で行われている。
なお、「クーロン」いう呼称は日本語の俗語なので、
香港では通じない。

13 海運觀點《ホイワングンディム》

Ocean Terminal Deck

ビクトリア港のビュースポット

スターフェリー乗り場すぐそばにある大型ショッピングモールに新たに生まれたビュースポット。建て増しされた5階建ての新施設の屋上にあり、ビクトリア港を270度見渡せる。ありそうでなかった、見下ろすでもなく見上げるわけでもない絶妙な高さが、何度も観ても飽きない景色にまた新たな視界を広げてくれている。開けた港の西側にピンクがかったオレンジ色が広がり、対岸のビル群が藍色に包まれはじめるころには、手すり側には隙間がないほどに人がびっしりと張り付いている。それでも、静かに景色を眺めたり写

History & Data　歴史與資料

海港城（Harbour City）に増設されたビル5階の屋上施設。屋外のオープンスペースで、階段ベンチを通じて階下のテラスに下りることもでき、フラットなスペースはアートイベントなどにも利用されている。香港国際空港や中環のHSBC本社ビルなども手がけた世界的建築設計事務所によるもので、2017年10月に正式オープンした。

難易度

★☆☆

到着までの所要時間

約30分

真を撮ったりとそれぞれの世界に浸る人が多く、耳に触れる音の種類は多くない。ある日、たまたま気象条件が揃ったことで、太陽の反対方向に光の穂先があつまる現象、反薄明光線が見られた。偶然に出会った、まるでふたつの彗星が尾を引いて山の向こうに落ちたかのような光景は、毎夜放たれるビルの明かりとレーザーショーの直前に淡くはかなげな幻想を見せてくれた。

西九龍エリアにある
香港一高いビル環球貿易廣場（ICC）と
一帯のビル群の眺望

Data ▶ **海運觀點**　尖沙咀海港城　開放時間:7:00～24:00

14

大《ターイ》包《バウ》米《マイ》訊《ソン》號《ホウ》塔《タップ》

Signal Tower at Blackhead Point

街の中にひっそり建つ旧船舶用信号塔

観光客でにぎわう有名なショッピングモールからすぐ。路地をほんの50メートルほど入ったところに、信号塔を擁する公園がある。公園名の入ったゲートはあれど、目指してくる人以外はほぼ気づかずその前を通り過ぎていく。塔は英国王立天文台によって1907年に設けられ、ビクトリア港を往来する船舶に主に時刻を知らせる施設として運用された。当時は黒頭角《ハッタウコッ》(Blackhead Point)と呼ばれていたこの小高い丘がビクトリア港に面した最高地点で、死角のない3階建ての塔から手動で掲示発信されるサインは船乗りたちにとっての大切な情報だった。イギリス積みというレンガ工法で造られた塔は、今見れば驚くほどに小さな姿。らせん階段をのぼって上階まで行ってみるも、無線信号が登場したことで役目を終えて90年が過ぎた塔からは、港のカケラも見ることができない。木々の合間にひとり立つ塔が、手入れの行き届いた当時のままの姿を見せつつもどこか寂しげなのはそのせいなのかもしれない。

上／今やすっかり内陸となり、周辺の高層ビルに遮られて、塔の脇にあるパビリオンから見えるビクトリア港の景色は90度あるかないか
下／見学できるのは3階部分まで。らせん階段を登っていく

History & Data　歴史與資料

塔の完成は1907年。翌年から1933年まで22年間信号塔として利用された。塔のてっぺんに5.5メートルのポールを立て、銅製の球体がポールのどの位置に降りているかで時間を知らせる手法だった。塔の内部にはそのときの様子を記した写真が展示されている。塔は2015年に法定古蹟に指定された。

難易度
★☆☆

到着までの所要時間
約40分

マップ ▶ p.125【九龍西部】　詳細アクセス ▶ p.132

Data ▸ 大包米訊號塔　尖沙咀緬甸臺訊號山花園　塔の公開時間:9:00〜11:00、16:00〜18:00
※塔の保護のため一度に入場できるのは20人まで

15

紅磡《ホンハム》渡輪《ドウロン》碼頭《マータウ》

Hung Hom Ferry Pier

香港島と九龍をつなぐ、もうひとつの定期航路

Data ▶ 紅磡灣紅磡碼頭

難易度

★☆☆

到着までの所要時間

約20分

1963年に紅磡《ホンハム》ー灣仔《ワンジャイ》(Wan Chai) 航路が開業、その後、紅磡ー中環《ジョンワン》(Central) も繋いだが、共に2011年に乗客減少から航路廃止。メインの乗り場も封鎖され、閉じられたシャッターの向こうに行き先が記された階段が寂しく残る。現在は隣の小さな乗り場から紅磡ー北角《バッコッ》(North Point) を結んでいる。地域に新駅ができたことで運営に向かい風は吹くものの、真っ直ぐに港を突っ切れる早さと心地よい船の揺れはやはり地元の生活になくてはならないもの。観光路線でもあるスターフェリーのように香港のアイコン的な脚光を浴びることはないけれど、ささやかながら堅実に、ビクトリア港を往復しているフェリーがここにもある。

マップ ▶ p.125【九龍西部】 詳細アクセス ▶ p.132

16

九龍麪粉廠《ガウロンミンファンチョン》

Kowloon Flour Mills

香港に唯一残る製粉工場

難易度

★☆☆

到着までの所要時間

約45分

社名の書かれた円筒が印象的な工業ビルは、1966年に正式稼働した香港に唯一残る製粉工場。内部は貯蔵庫も兼ねているという。円筒には縦に、建物上部には右から左へと堂々とした文字で社名が書かれ、建物の2階部分から延びた小麦運搬用のブームは道を挟んだ先にあるコンベアにつながっている。「香港製造」の産業繁栄が華やかかりし頃の姿のまま主張する個性に一目で惹かれ、中に灯った明かりに現役の建物と知って安心もした。創業から半世紀超、主にアメリカから輸入した安全な小麦を、丁寧な製法で高品質な粉にして出荷している。製麺用は海棠花《ホイトンファー》(ハナカイドウ)、ケーキ用は藍水仙《ラムソイシン》(青いスイセン)など、製品にそれぞれ花の名前がついているというのも粋。そして、社訓ともいえる商品製造の指針は「堅持緊守香港精神」(香港の精神を堅守せよ)と。かっこよさにキュンとしてしまう文言のもと製造される可憐な花の名が付いた粉たち。そのギャップはまた、外観とともに工場萌えの要素のひとつとなった。

Data ▶ 九龍麪粉廠　観塘工業區海濱道161號

マップ ▶ p.125【九龍東部】　詳細アクセス ▶ p.132

17

君立酒店《グワンラップザウディム》

Camlux Hotel

元魔法瓶工場が九龍灣エリア初のホテルに

「香港製造」の冠を掲げ、1940年の創業以来ずっと良質の魔法瓶を世に送り続けている駱駝牌《ロットーパーイ》（Camel）ブランド。抜群の保温力で冬場は特に手放せない私の愛用品でもある。その工場が別所へ移転後、基本構造はそのままに細部の改修を経て誕生したのがホテルというのがおもしろい。内部構成は若い従業員を中心にプランニングしたそうで、圧迫感のない棚やラック、レインシャワー、スマホ連動テレビなど、使いやすいアイテムと最新のスペックが採用されている。一方でルームライトやエレベーターサインなどに魔法瓶を模

部屋に飾られているのは
当時の駱駝牌のポスター。
レプリカではなく、
本物をそのまま使用している

History & Data　歴史與資料

駱駝牌の工場は1986年から2014年まで製造拠点を九龍灣に置いた。設備の入れ替え等に伴い工場を紅磡（Hung Hom）への移転後、2015年に大規模リノベーションを開始、2017年5月に君立酒店がオープンした。九龍灣エリア初となるホテルで、ファミリー用からスタンダードタイプまで4つのルームタイプを持つ。6階建て全185室。

難易度

★⯪☆

到着までの所要時間

約45分

した灯りを配置、廊下のカーペットは、魔法瓶のガラス内筒の設計図をモチーフにするなど、元工場を意識した遊び心も満載。中庭やバルコニーなども当時のまま活かされ、すべての部屋に自然光が注ぐ環境が心地良い。各部屋の仕切りは作業場の間取りそのまま。愛用の魔法瓶のどこかが造られた部屋に寝ていると思うと、天井を見つめるだけでも心躍る。

ロビー脇の廊下はアートスペース。
工場時代に書かれた指示が壁に残り、
展示の中にはビルの設計図もある

Data ▶ 君立酒店　九龍灣宏光道15號　www.camluxhotel.com

マップ ▶ p.125【九龍東部】　詳細アクセス ▶ p.132

18

啟《カイ》徳《ダッ》跑《パウ》道《ドウ》公《ゴン》園《ユン》

Kai Tak Runway Park

元滑走路上の公園の隅に見た空港の面影

History & Data　歴史與資料

1998年、現在の香港国際空港への機能移転が完了し、7月5日の最終便の離陸をもって啟徳空港は73年の歴史を閉じた。跡地はクルーズ船のターミナルに建て替えられ、2013年6月12日に啟徳郵輪碼頭(Kai Tak Cruise Terminal）が開業した。啟徳跑道公園は旧滑走路上に設けられた公園で、滑走路を彷彿とさせる記念プレートや碑が複数置かれている。

難易度

★⯨☆

到着までの所要時間

約50分

住宅やビルの上すれすれを飛び、機体を傾けカーブを描きながら滑走路に進入しなくてはならず着陸の難しさで有名だった啟徳空港（旧香港国際空港）は1998年に役目を終えた。跡地はしばらくの間野外ライブ会場や移動遊園地などに使われたのちに整備され、クルーズ船ターミナルと公園になった。元滑走路上に造られた公園には香港政府専用機が展示され、敷かれた芝生の上では家族連れがくつろいでいる。何をするでもなく公園を散歩していると、一端に手つかずのままの土地があるのに気がついた。金網越しにのぞくと、

Data ▶ 啟徳跑道公園　九龍承豐道33號啟德郵輪碼頭　開放時間:24時間

整備され切った施設の一部とは思えない素っ気なさ。ということは、おそらくここはまだ工事の手が入っていない滑走路の姿のまま……。なぜ？という疑問を解決する術はないけれど、継ぎ目が割れた古いコンクリートの隙間から雑草が生えた地は、一度しか利用できなかった旧空港を思うには充分な場所だった。

進入の難しさで
パイロット泣かせといわれた滑走路の番号
「13」が地面に描かれている

マップ ▶ p.125【九龍東部】　詳細アクセス ▶ p.132

19

観塘《グゥントン》海濱花園《ホイパンファーユン》

Kwun Tong Promenade

色とりどりのランナーたちが駆け抜ける

日が暮れると景色を楽しみにカップルもたくさんやってくる

Data ▶ 観塘海濱花園 開放時間:24時間

難易度

★☆☆

到着までの所要時間

約45分

旧啓徳《カイダッ》空港の跡地に建つフェリーターミナル施設を目前に、避風塘（台風の際に船を避難させる海上シェルター）に面して設けられている横長の公園。華やかな遊具や仕掛けがあるわけではないが、水辺の景色に加え、土や木が用いられた落ち着きのある雰囲気からこのエリアのオアシスになっている。ちょうど1キロメートルに設定されているボードウォークには、朝に夕に多くのランナーが往来する。本格的にラップを計算しているグループから、健康作りのためのマイペースランナーもたくさん。水のすぐ近く、船の浮かぶ景色をバックに、タッタッタッと軽やかに木床を鳴らして駆け抜けていく様は見ているだけでも気持ちがいい。

マップ ▶ p.125【九龍東部】 詳細アクセス ▶ p.133

20

茶《チャー》果《グォ》嶺《リエン》天《ティン》后《ハウ》廟《ミウ》

Cha Kwo Ling Tin Hau Temple

地場石で造られた海の守り神の廟

難易度

★ ⯪ ☆

到着までの所要時間

約45分

油塘《ヤウトン》駅から茶果嶺村を目指して歩いていると右手に開けた敷地が現れる。風水的にも最良の場所といわれるその広場の奥にある石造りの建物が茶果嶺の天后廟。１８００年代に清朝政府によって創建され、何度かの移転を経て１９４７年にこの地に根を下ろした。海の安全を守る女神が祀られた廟は元々が珍しい石造りで、移転再建の際に創建当初の石と新たに茶果嶺の採石場から運ばれた花崗石とを合わせて外壁が造られた。歴史を示すツヤの出た内部の木造装飾と共に、正面入り口を守る門神の凜々しい姿の彫刻が印象的だった。

廟内は木造。赤いろうそくが大きな炎をゆらしている

Data ▶ 茶果嶺天后廟　観塘茶果嶺道　開放時間:8:00～17:00

マップ ▶ p.125【九龍東部】　詳細アクセス ▶ p.133

21

茶果嶺村《チャーグォリエン》

Cha Kwo Ling Village

トタン屋根と冰室とノスタルジー

榮華《ウィンワー》冰室《ビンサッ》／開記《ホイゲイ》（協和《ヒップウォー》）冰室《ビンサッ》

難易度

★⯪☆

到着までの所要時間

約45分

冰室とは昔ながらの小さな飲食店のこと。最近はレトロ風カフェも「冰室」を名乗っているが、本来は地元の常連さんたちがお茶を飲みつつ語らうような、土地に根付いた小さな店を指す。門扉を閉ざした家屋が並ぶ古い路地では、ふたつの冰室が向かい合って明かりを灯している。1962年から営業を続ける榮華冰室は、文字も薄ぼけたメニュー、角がすり減った直角背もたれのイスが郷愁を誘う。「8月26日に開業したんだよ」と調理接客をひとりでこなす店主さんが思い出深そうに記憶に刻まれた日付まで教えてくれた。その

Data ▶ 榮華冰室　観塘茶果嶺大街106A　営業時間:7:00～17:00　旧正月休

向かい、黒ネコが出迎えてくれる開記（協和）冰室は小ぶりな円卓が並ぶ食堂系。村の古参店で80年の歴史を持ち、正面の壁の時計は開業時からその時を刻み続けている。壁には古い絵や写真が飾られ、中には村の第1回役員集会の記念写真もあった。村の歴史を今に分けてくれるふたつの冰室。ゆったりした時間の中でお茶のハシゴをしながら、再開発の波が忍び寄る村の、軒先に揺れる洗濯物をぼんやりとながめる。

History & Data | 歴史與資料

茶果嶺の「茶果」とは丸い大きな葉をもつ植物・オオバギのこと。たくさんのオオバギが自生するここの嶺は、1841年から良質な花崗岩や高陵石が採れる採石場として名を馳せ、1950～70年には村には20万人もの採石労働者が暮らしていた。採石業の衰退と、村を襲った3度の火事で住民は減少をつづけ、現在は集合住宅部分を含めて2,000人ほど。

Data ▶ 開記（協和）冰室　觀塘茶果嶺大街99號　営業時間:7:00～15:00　日祝、旧正月休

マップ ▶ p.125【九龍東部】　詳細アクセス ▶ p.133

22

鯉《レイ》魚《ユゥ》門《ムン》燈《ダン》塔《タップ》

Lei Yue Mun Coast Light House

緑の光を点す岩の上の小さな灯台

難易度

★ ⯪ ☆

到着までの所要時間

約40分

海鮮料理店が集まる鯉魚門は、もともとは採石場で、その労働者たちによって集落が形成された。村が面する海岸には、岩の上に建つ小さな灯台がある。切り出した石を運ぶ船の往来が急増したことで1950年代に設置されたという。ちょうど岩があるから、その上に灯台つけちゃえばいいよね、高さも出て良い具合だよね、あえて整地せずに灯台を造ったのはそんなやりとりがあったのかな、なんて香港らしいちょっとアバウトな様を勝手に想像しながら迎える夕刻。対岸にまたたく暮らしの明かり、黄金に主張する落陽、灯台が点す緑の光は日々繰り返される小景。何度見ても飽きないのは絶景過ぎない日常がそこにあるからかな。

3

新《サン》界《ガーイ》

New Territories

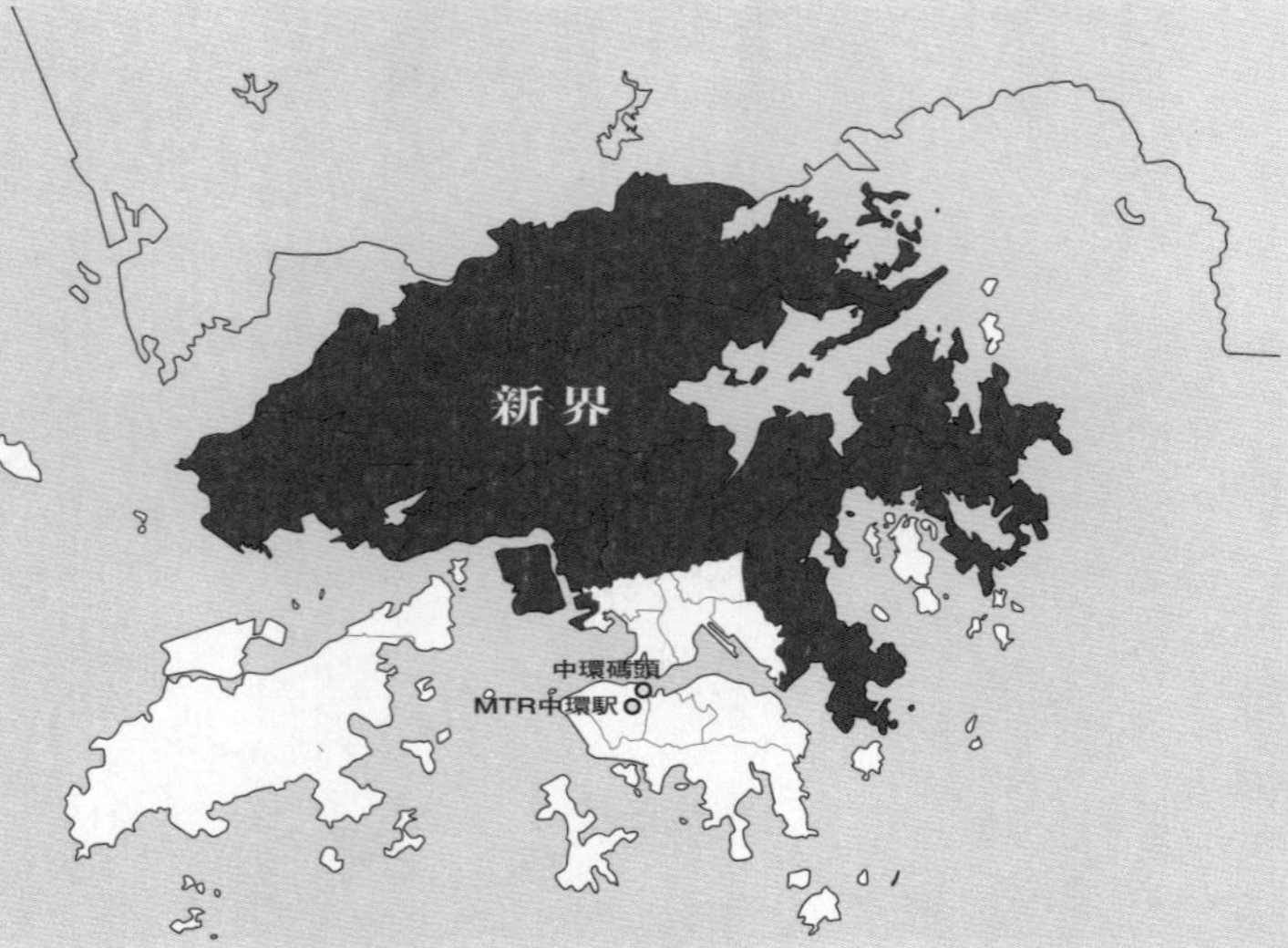

九龍以北、中国大陸との境までのエリアと、
離島も含めた広域を
新界と呼ぶ（この本では便宜上、離島は別章とする）。
西暦１０００年前後には中国大陸から香港に入植した人々、
主に客家人《ハッガーヤン》により多くの集落が形成され、
豊かな自然の中での農業・漁業で暮らしが営まれた。
早くから生活基盤が整っていたこともあり、
規模の大きな寺院も多い。
土地の半分に山が点在し、香港最高峰の
大帽山《ターイモウサーン》（標高９５７メートル）も新界にある。
また北西部には希少な野鳥や小動物が生息する
湿地帯が広がり、
その一部は環境保護・保育域となっている。

23

大《ダイ》埔《ポウ》墟《ホイ》富《フー》善《シン》街《ガーイ》

Tai Po Market, Fu Shin Street

地元の人の暮らしが集う下町の横丁

上／文武二帝廟は 1891 年落成の法定古蹟。
親に手を引かれて
子どもたちもお参りに訪れていた
文武二帝廟（大埔文武廟）
大埔大埔墟富善街　開放時間：9:00 ～ 18:00

下／香港鐵路博物館には、かつて活躍した
蒸気機関車や客車の展示のほか、
中国建築様式の屋根が特徴的な
旧大埔墟駅舎が展示室として残る
香港鐵路博物館
大埔大埔墟崇德街 13 號
開放時間：月、水～日　10:00 ～ 18:00
クリスマスイブ、旧正月大晦日　10:00 ～ 17:00
火曜（祝日を除く）、旧正月休　入場無料

難易度
★⯪☆

到着までの所要時間
約60分

人が多い街。その割にせわしい感じはなく、自分のペースで歩ける不思議な街。道々には商店が並び、美味しそうな香りにも包まれる。駅から15分ほど歩いたところにある富善街は道全体が市場的なノリの横丁。家庭雑貨を扱う商店が多く、長年通うなじみ客も多いせいか、商品を挟んで店主と客が威勢のいい言葉でポンポンとやりとりする昔ながらの姿もそこここに見られる。雑多な生活感にあふれた活気の中でローカル色の強い食器や雑貨を物色するのはなんとも楽しいひととき。そんな横丁の中程には、閑かな空気に包まれた

Data ▶ 大埔大埔墟富善街

文武二帝廟がある。願掛けの渦巻き線香の煙が漂う中に祀られているのは学問と武道の二帝（ふたりの神様）。なんとなくのお作法で不器用にお参りしていると、買い物袋を下げた人が何人もやってきては手を合わせてはサッと去って行く姿が目の端に映る。日々の挨拶をすべきところとして暮らしの中の当たり前になっているのだろう。廟の中の静寂とその門外の活気。150メートルほどの道にある抑揚が小気味好い。

History & Data | 歴史與資料

ふたつの川に囲まれていたことから古くから水上輸送による物流拠点となり、物の流れに伴い人も集まったことで、行政機関も周辺に複数設置されていった。1913年に九廣鐵路の旧大埔墟駅が開業し、鉄道物流も加わり付近はより活性化。1983年に現在のMTR駅が完成し旧駅は廃止されたが、栄華を支えたその姿は現在も香港鐵路博物館に残されている。

マップ ▶ p.126【新界東部】 詳細アクセス ▶ p.133

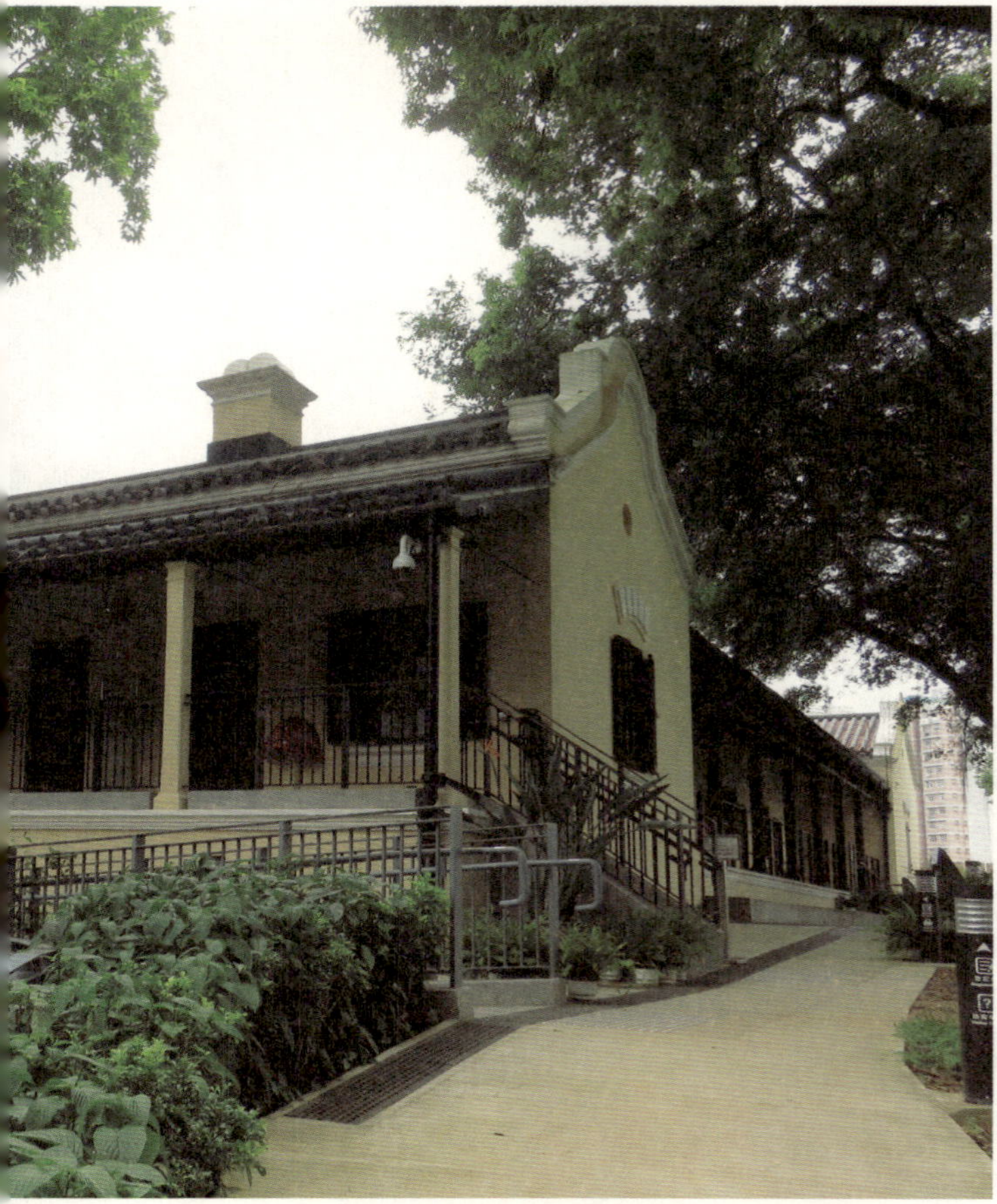

24

綠《ロッ》匯《ウイ》學《ホッ》苑《ユン》（舊《ガウ》大《ダイ》埔《ボウ》警《ギン》署《チュウ》）

Green Hub［The Old Tai Po Police Station］

旧警察署が自然共存活動の施設に

近年香港政府が力を入れている「歴史的建造物の適正活用」の取り組みのひとつとして、舊大埔警署（旧大埔警察署）をリノベーション。60年以上前から大埔で農園を営み、自然保護、農業教育を行ってきた嘉道理《ガードウレイ》農場暨植物園《ノンチョンケイズィクマッユン》（Kadoorie Farm & Botanic Garden）が運営パートナーとなり、農作物や植物の育成を通じて自然との共存を啓蒙していく活動施設に生まれかわった。風が吹き抜ける爽やかな高台にあり、木々に囲まれた芝生の中庭や敷地内の離れなどでは、季節ごとのイベントやワークショップ、クッキングクラスなど

難易度

★⯪☆

到着までの所要時間

約40分

上／慧食堂（ワイセットン／Eat Well Canteen）で
味わえるのは環境を考慮した
低炭素な食材やフェアトレード原料を
使用したヘルシーフード
下／建物の配置や間取りは
警察署時代のまま。大埔で起きた事件や
捜査についてなどの展示もある

Data ▶ 綠匯學苑
大埔運頭角里11 號　開放時間:10:00～17:00
慧食堂（Eat Well Canteen）のL.O.は16:40
火曜休のほか、特別行事などでの臨時休館あり
www.greenhub.hk

の活動も活発に行われ遠方から足を運ぶ人も増えている。警察官たちの食堂だった建物は修復の後、そのまま安全でヘルシーな食事を提供するカフェテリアとして利用されているほか、警察施設も一部保存されていて、調書作成室や留置所なども自由に見学できる。ちょっとだけ頑張って坂を登った先で、街のざわめきから切り離された歴史的建造物が新たな役割を得て生き生きとする姿に出会うことができた。

History & Data | **歴史與資料**

小高い丘の上に建つ旧大埔警察署は1899 年に落成、1898 年に始まった英国による新界の租借後、最初にイギリス国旗を掲げたところとなった。当時は警察機能だけでなく、全行政を取り仕切る本部だった。その後、警察機能のみとなり、1987 年に新施設への移転に伴い機能を停止。長らくそのまま放置されていたが、2012 年より再活用のための手が入った。

マップ ▶ p.126【新界東部】　詳細アクセス ▶ p.133

25

船《シュン》灣《ワン》淡《ダーム》水《ソイ》湖《ウー》主《ズュウ》壩《バー》

Plover Cove Reservoir Main Dam

世界初の構法で生まれた湖と絶景サイクリング

難易度

★★☆

到着までの所要時間

約80分

History & Data | 歴史與資料

1960年着工、1968年落成。客家の集落がいくつもあった地域で、それらの村はダムに沈んだ。貯水面積としては萬宜水庫（P.72）に次ぐ香港で2番目の大きさで、貯水池であると同時に淡水魚種を含む多様な野生生物の保護区域にもなっている。まっすぐ伸びる道は格好のサイクリングロード兼自転車練習場でもあり、週末には多くの人が訪れる。

船灣淡水湖は、水源確保のため、海を閉ざし人工的に淡水湖を造り出すという世界初の構法で生まれた。その淡水湖と外海との間に走るこのダムは全長2キロメートル。前例のない困難を乗り越えてできた貯水池とダムではあるが、そんなことを気にして訪れる人はほぼ皆無で、カップルも家族連れも主な目的にしているのは真っ直ぐに伸びるダム上の道でのサイクリング。近くの店で好みの自転車を借りて、明るい声を上げながらはつらつと走って行く。単なる自転車も広い眺望に囲まれて走ると心地よさもひとしお。心のなかではしゃぎながら、ダムの端から端までこいで往復1時間、軽くにじんだ汗を落ち着かせようと堤防に腰を下ろす頃には陽が傾いていた。湖面に影を伸ばす夕光と稜線を浮き上がらせた山々、人知を尽くして造られたダム。異質なものを融合させた夕景は安らかでありつつ堂々としていて、

Data ▶ 船灣郊野公園

50年前にここで困難に献身した人たちから、何とかなるもんさ！　と気合いを注入された気分になった。

大美督のバスターミナル付近には
複数のレンタサイクル店があり、
1人乗りならば1時間40～50香港ドル
ほどで借りられる

ダム道の入り口には、当時の第24代
香港総督サー・デイビッド・トレンチの
名前とともに落成記念の
言葉が刻まれた碑が建つ

マップ ▶ p.126【新界東部】　詳細アクセス ▶ p.134

26

船灣《シュンワン》避風塘《ベイフォントン》防波堤《フォンボータイ》

Plover Cove Typhoon Shelter Breakwater

防波堤から望む、水上生活の棚屋が浮かぶ海

難易度
★★☆

到着までの所要時間
約80分

2018年に日本でも公開されヒットした香港映画『29歳問題』（原題：29＋1／2017年製作）で、主人公のひとりが幼なじみと思い出を語らう場所。女性が普通に生きていくことへの共感の涙が止まらなかった映画に触発されて訪れてみたロケ地の海には、漁を生業にする人たちの作業場であり、中には寝起きをしている人もいるという棚屋※が浮かぶ。初めて来た場所でありながら、真っ直ぐ伸びる防波堤やかすかな風が作る波紋は、幼少期に遊んだ千葉の海を思い起こさせ懐かしさに包まれる。主人公よりも小さな頃だが、先

のことなど考えずにそのときどきが常に全力だった頃を想って、少し感傷的にもなってしまった。ここ三門仔《サームンジャイ》の海では養殖も行われていて、ハタやスズキなどの魚が香港の街へ毎日出荷されているという。夕方近くという時間には海上で作業している人もいないけれど、明日の準備のためか、たくさんの網を乗せて静かに海面を進んでいく小舟に、ここで紡がれる毎日を感じた。

※大澳《ダイオウ》（P.90）にある棚屋と形は異なるが、いかだ状の水上家屋も同じ名称で呼ばれる

History & Data | 歴史與資料

古くからの漁村で、大埔エリアでは最大規模。防波堤の内側にある村は、1960年に船灣淡水湖主壩（P.56）建設のために移転を余儀なくされた6つの村の漁民たちを受け入れるために村は整備され、三門仔新村と聯益新村と改められた。三門仔村にある「漁民生活文化展覧館」では土地の歴史や棚屋での生活などの様子を語る展示を見ることができる。

27

嘉頓展覧館《ガードゥンズィンラムグン》

Garden Gallery

パンにお菓子、ガーデンの展示館

車中から見えた大きな「嘉頓《ガードゥン》」のロゴに、何だろうとミニバスを飛び降りた。パンやお菓子のメーカーとして香港では知らぬ人はいない嘉頓（Garden）の工場は深井《サムゼェン》にあると聞いてはいたけれど、工場そのものも、こんなお菓子の缶のような建物だったなんて！　と興奮気味に周辺をうろつき、出入りするトラックを眺めていると、「展示館」の文字が目にとまった。のぞけば主要商品の販売とカフェ、社史展示が合わさった施設で誰でもウェルカム。展示されていた過去のポスターは、品良く目立つ色使いでわかりやすく、ブリキ缶のパッケージは形も絵柄も美しい。時の流れで生まれたくすみがまた魅力を引き立てていて、静かな展示室でひとりまた興奮してしまった。その直後に商品を見たらあれもこれもと買わずにはいられない。スーパーではあまり見かけない品を中心にホテルから遠く離れた地で大人買い。大荷物を持って移動することになってしまったが、それもまたよし。

入り口正面が商品販売ブース。
複数品購入した際にはおまけがつくことも

History & Data　歴史與資料

1926年にいとこ同士ふたりで開業した小さなベーカリーが始まり。香港動植物園（Hong Kong Zoological and Botanical Garden）で店名案を検討し合ったことから「Garden」と名付け、漢字は英語の音に合わせて後付けした。パン、ビスケットなど香港の家庭には何かしらの嘉頓の商品が置いてあるといっても過言ではないほどに生活に浸透。深井の工場では現在1,200人以上が働く。

難易度

★★☆

到着までの所要時間

約60分

Data ▶ **嘉頓展覧館**　深井深慈街1-11號　開館時間:9:00〜17:00　旧正月休　入場無料

歴代ノベルティグッズの陳列もあり、嘉頓ファンは身悶え必至な展示室

 マップ ▶ p.127【新界西部】 詳細アクセス ▶ p.134

28

城門水塘主壩《センムンソイトンズュウバー》

Shing Mun Reservoir Main Dam

水面に映る色濃い緑と石積みの貯水施設

付近には100匹ほどの野生サルが暮らすという

難易度

★★☆

到着までの所要時間

約60分

メインダム、ベルマウス型の流水口、バルブ調整塔が一級歴史的建造物として保護されている貯水池。イギリス人エンジニアによって設計されたという施設は、石積みの様や薄曇りの空にも影響されて、英国古城をイメージさせた。木々の隙間に見える広い水面はわずかな揺らぎもなく、鏡面のように静かに山々を映す。力強い日差しにすべてが輝く時間もいいけれど、緑濃いここは朝の深い空気が似合うように思う。森閑とした景色に「ヒーリング」なんて言葉をかみしめていると、前方から立派な体つきのサルが歩いてきた。目を合わせてはキケンと緊張しながら脇によけて道を譲ると、こちらを気にすることもなく、当然といった体で真ん中を歩いてく貫禄たるや。ノシノシという足音を立てて歩く大きな後ろ姿を見送ると、付近からはキーッ！　というサルたちの声も聞こえてきた。ここのヒーリングにはやや野性味も含まれるらしい。

Data ▶ 城門郊野公園

History & Data　歴史與資料

主覇（メインダム）や関連の施設は1923年着工、14年の年月をかけて完成。当時まだ貯水施設の乏しかった九龍半島と香港島に水が供給された。建築物としての歴史的価値の伴った現役の貯水施設であると同時に、香港で確認されている蝶の半種類以上が生息していて、昆虫生態学的にも注目される場所となっている。

マップ ▶ p.127【新界西部】　詳細アクセス ▶ p.134

29

城門水塘《センムンソイトン》 白千層林《バッチンチャーンラム》

Shing Mun Reservoir Paper-bark Tree Forest

青緑の水の畔に現れる白千層の林

難易度

★★☆

到着までの所要時間

約60分

城門水塘は周回できるウォーキングルートが整備されていて、約3時間ほどでぐるりと巡ることができる。とはいえ、そこまでは時間が割けない旅の途中では、メインダム（P.62）ともうひとつの見どころを押さえたい。緑の遊歩道を進み、真っ直ぐな幹が道を飾る白千層並木を過ぎてから細い筋を入ると、たたえた水の畔に群生する白千層が現れる。白千層は熱帯域に自生し、紙を剥がすように樹皮が剥ける木で、葉から抽出した油は消炎薬などに用いられる。水辺を進んで林に入ると、高く縦に命を延ばす生木と、倒れて何年経つの

だろうか、幹も根も乾いて横たわる枯木とが重なり合って生み出す厳かな風景に出会う。大きな岩の下を這う力強い根が作り出す凹凸が生命力を誇示している。これでも心潤う良観だが、雨が続き、水量が増した時には、これら木々の幹を水が覆い、水中の原生林といった姿が見られるという。水にゆだねられたその神秘性にぜひとも触れたく、その日の再訪を強く願わずにはいられない。

この高く真っ直ぐに伸びる
白千層並木の先が白千層の森のはじまり

Data ▶ 城門郊野公園

※遊歩道は舗装整備されているが、
林の中はぬかるみや木の根で
足下が不安定なので注意。

マップ ▶ p.127【新界西部】 詳細アクセス ▶ p.134

30

南《ナム》生《サン》圍《ワイ》

Nam Sang Wai

葦が茂り、野鳥が飛来。消滅の危うさをはらんだ湿地帯

難易度

★⯪☆

到着までの所要時間

約70分

上／植林のために持ち込まれたという、湿った土壌を好む品種のユーカリが育つ
下／湿地帯へは香港に唯一残る手こぎの渡し船で渡る。
運行時間：6:00 ～ 23:00
運賃：6 香港ドル

すぐ近くまで宅地化が進む中、錦田河《ガムティンホー》と山貝河《サーンブイホー》、ふたつの小さな川に囲まれた南生圍だけは開発の波を逃れてきた。この湿地帯には複数種の鴨が暮らし、多くの渡り鳥も飛来する野鳥たちと愛鳥家の聖地。さらに、背の高いユーカリ並木、茂る葦、朽ちた姿が美しい沼にかかる桟橋など、郷愁を含んだ景色はいくつもの映画の撮影地にもなっている。ぬかるみの残る不安定な土の道の先で、暮らしの跡に出会う。小ぶりながらも石造りのしっかりした家、門から玄関までのアプローチ、階段も付いた専用の船着き場など、雑草に覆わ

Data ▶ 元朗南生圍

れながらもこの地の生活をリアルに残していた。湿地での暮らしは容易ではなかったかもしれないが、住民が長らく共存の道を守ってきた自然には、今、宅地やゴルフ場開発の話が繰り返し持ち上がっている。そのたび立ち消えにはなっているものの、過去10年で9度も不審火に見舞われ、焼失した自然も多い。姿の見えない力が背後に迫るものの、それでも今まだそこにあるのは広々と抜けた空と山、それから、風が葦を揺らすサラサラという音。

History & Data | 歴史與資料

1957年、中国広東省出身の傅德蔭氏が故郷の農地に似ていると土地を購入し、養殖池や農地を設けて一族で暮らしたのが南生圍のはじまり。現在土地を管理するのは3代目にあたる有名実業家の傅厚澤氏で、過去にはWWF（世界自然基金會）香港の理事を務めた。現在南生圍の湿地帯の保護と発展的利用の両面で模索を続けている。

マップ ▶ p.127【新界西部】 詳細アクセス ▶ p.134

31

下白泥《ハーパッナイ》

Ha Pak Lai

泥地に育つマングローブと空の海

難易度

★★☆

到着までの所要時間

約90分

対向車とすれ違うこともできない細道を結構なスピードで飛ばすミニバスに揺られてやってきた。ここは流浮山《ラウファオサーン》（P.70）と同じ海岸線にある湿地帯で、広く開けた視界の向こうは中国の深圳《サームザン》経済特別区。沿岸には大型コンテナの積み卸しをするガントリークレーンが威圧感たっぷりに群れをなしている。分の悪い合戦のごとく相対しているこちら側は、地名どおりの白い泥地に広がる、低いマングローブの林。日中の波打ちぎわは遠く、小さなカニが姿を現しササッと機敏に動いたかと思うと常緑低木の根元に姿を消す。この泥地

には複数種のカニや巻き貝などが生息し、それを捕食する鳥たちもたくさん飛来する。ぬかるみに足を取られて思うようには動けず、カニや小さな虫を踏まないようによけるのも一苦労ながら、マングローブやこれからこの地の生態系を司っていくその赤ちゃんたちを、「負けるなよ」と励まし愛でる。直前のスコールのおかげできれいになった夏の空には青のグラデーションをかき混ぜる白い雲が高低差をつけて広がっていた。

History & Data　歴史與資料

20世紀初めまでほぼ人の手が入らない森林地帯だった下白泥には、1910年に造られた辛亥革命時に革命軍が行動拠点にしていた基地が残る。菜園の跡や廣東式の青銅器が見つかったことから4000年前には人がいたとされている。現在、海岸周辺域は、環境保護署により生態学的価値の高い区域にリストアップされ、保護活動が行われている。

マップ ▶ p.123　詳細アクセス ▶ p.135
Data ▶ 元朗流浮山下白泥

32

流浮山《ラウファオサーン》

Lau Fau Shan

小さな漁村の干潟に落ちるドラマチックな夕陽

泥の中からぬるりと小さな姿を現してペタペタと進んで行く。あっちからもこっちからも同時に現れるので、進路を塞がないようつま先立ちになりながら踊るように干潟を歩く。小さな漁師町でトビハゼと戯れながら顔を上げると、視界に入るのは近代ビルが林立する中国の深圳《サームザン》経済特別区。下白泥《ハーバッナイ》（P.68）と同様、こっちとむこう、湾を挟んだ景色のギャップはなんともいえない。流浮山周辺の海へは淡水が流入していて水質がよく、昔から名を馳せた漁場だった。特に牡蠣の養殖が有名でその歴史は200年にものぼり、新鮮な牡蠣は香港各地に卸されるほか、オイスターソースに加工されている。近年は夕陽鑑賞・撮影スポットとして人気が高く、夕暮れ時の海岸線は大にぎわい。確かに沖の漁船や筏、香港と深圳を繋ぐ深圳灣公路大橋《サームザンワンゴンロウダイキウ》などに影を落としながら、雲の切れ間に黄金色を強く放ち、干潟を輝かせる夕陽はとてもドラマチック。多くのギャラリーがピタリと押し黙って見入るほどの美しさだった。

化学調味料などは一切使わず、
牡蠣と水と塩だけで作られた
濃厚絶品のオイスターソース。
市街地の調味料店でも購入できるが、
本店のほうが価格が安い。
汝記蠔油公司
元朗流浮山海邊街８號
9:00～18:00　旧正月休

History & Data　**歴史與資料**

流浮山の天后廟（沙江天后古廟）の設立年から1600年代初めには住民がいたとされるが詳細な記述は残されていない。后海灣では、かつては年間100トンもの牡蠣が水揚げされていたものの、1980年以降は水質変化と後継者不在で水揚げ量は減少している。180メートルほどの細い商店街がメインストリートで海鮮料理店や乾物店などが建ち並ぶ。

難易度

★★☆

到着までの所要時間

約**70**分

マップ ▸ p.127【新界西部】　詳細アクセス ▸ p.135　Data ▸ 元朗流浮山

新界

元朗 ユンロン

33

萬宜水庫《マーンイーソイフー》東壩《ドンバー》

High Island Reservoir East Dam

自然のパワーを見せつける地層と香港最大の貯水池

地表から力強く伸びた六角形の柱状節理《ちゅうじょうせつり》は、空気に触れたマグマが冷却固結して生じるという。ダム上からその赤褐色の六角柱を見下ろすと、屏風のように山肌一面にひだを造る壮大さに思わず息を飲む。飛行機の窓から見えた、海岸地形に渡されたふたつの筋という形に興味を抱いて訪れた萬宜水庫《マーンイーソイフー》は、地質遺産を保護する香港地質公園（香港ジオパーク）のひとつであり、香港最大の貯水池でもある。東壩（東側のダム）へ降りる道を歩いてみると、高く雄々しくせり上がった六角柱の壁が迫り来るようで少々恐怖を感じるほ

上／東壩の奥には海水の浸食により
六角柱が削られてできた洞穴がある。
遊歩道が整備され、近くまで歩いて行ける
下／破邊洲（ポービンジャウ／Po Pin Chau）
の裂け目にも現れている
見事な柱状節理の地層

難易度

★★★

到着までの所要時間

約90分

※周辺に店はないので、水の持参は忘れずに。
午後になるとやってくる人も減り、
帰りのタクシーがなくなるので
訪れるのは午前中がベター。週末のみ
午後にミニバスが運行されるが本数は少ない。

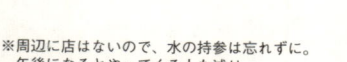

ど。一部は1億年以上前から繰り返された地震や地盤沈下などの影響で、S字にぐにゃりと曲がっているというのにも驚かされる。そんな自然の驚異の中に、貯水池を設けようと挑んだ人間の豪快な考えもまた大したものだと思う。空から見た2本の筋は、生活水を確保するために海峡を封鎖した壁。自然の力と人間の知力と汗、その神秘性と迫力はまがいものではなく、自分の目で実際に見て歩けたことに満足するほかなかった。

History & Data | 歴史與資料

「官門海峡」と呼ばれていた海峡をせき止めて設けられた貯水池。1971年に着工、英米仏日伊による合同プロジェクトで、約600人の技術者と1万3000人の土工が携わり、7年がかりで完成した。工期中5人が現場で命を落とし、ダム入り口の水色のテトラポットは鎮魂の碑となっている。2009年に香港地質公園に認定され見学ルートが整備された。

マップ ▶ p.122　詳細アクセス ▶ p.135　Data ▶ 西貢區萬宜水庫

34

萬佛寺《マーンファッジー》

Ten Thousand Buddhas Monastery

インパクトが強すぎる仏像がズラリと並ぶ

萬佛寺の名にふさわしく、本殿に至るまでの道のりに金色の仏像が並んでいる。１万２千体以上あるというその仏像たちのキンキラな様はインパクトが強く、地に着くほど長い眉、装束をまくり上げてさらした美脚など、個々の姿があまりに個性的で、こみ上げる笑いが抑えられない。寺の祖は中国浙江省出身の月溪《ユッカイ》法師。大手タバコ卸売業の社長が個人資産を投入して創建した寺を月溪法師に贈ったのが１９５７年なので、まだ新しい寺院といえる。奇っ怪な姿の仏像には、それぞれに仏教の教えの深意が込められているという。その意味を想像して冷静さを取り戻そうと試みるが、一度入ってしまった笑いのスイッチは切り替えるのが難しい。寺院の紹介でこういう表現は不適切かもしれないけれど、萬佛寺を堪能するためには複数人で訪れるのがいいかと思う。瞬発的な「きゃーっ！」の興奮はその場で共有したほうが旅も盛り上がるから。

History & Data　歴史與資料

月溪法師は学業優秀、複数の言語を操る秀才だったという。1997 年の夏、大雨により本殿を含む複数の建物が崩壊し、2 年間敷地を閉鎖して大がかりな修復を行った。また香港映画の金字塔『インファナル・アフェア』（原題：無間道／ 2002 年製作）冒頭の祝酒シーンは萬佛殿（本殿）で撮影された。参拝客による本殿内部の撮影は禁止。

香港上海匯豐銀行（HSBC）が 1985 ～ 2002 年に発行した 100 ドル紙幣には萬佛寺の塔が描かれた

難易度

★★☆

到着までの所要時間

約90分

Data ▸ 萬佛寺　新界沙田排頭村221號　開放時間:9:00〜17:00

 マップ ▸ p.126【新界東部】 詳細アクセス ▸ p.135

35

青山寺《チンサーンジー》

Tsing Shan Monastery

香港最古の寺院。Don't think. Feel!!

History & Data　歴史與資料

当初は「青山禪院」と呼ばれたが、現在は「青山寺」に名称統一されている。香港新界の錦田にある凌雲寺、天壇大仏（P.85）で有名な寶蓮禪寺と共に「香港三大古剎」といわれている。1829年建立された「青雲觀」付近に杯渡が瞑想した洞窟があったという。2007年から3度にわたり大規模な補強修復工事が行われた。

15世紀半ば、有名な仏教僧・杯渡《ブイドウ》禅師が屯門《ツウンムン》に到来し、高台にあった洞窟に身を寄せ長らくの瞑想修行を行った。禅師が屯門を去ったのち、弟子のひとりによって環境が整えられたのが現在の青山寺。それゆえに、香港における仏教伝来の地とされている——という歴史的背景も大きいが、それより、ブルース・リー（李小龍）主演の『燃えよドラゴン』（原題：龍争虎鬥／1973年製作）の撮影地ということのほうが有名かもしれない。映画冒頭の格闘試合、そして名台詞「Don't think. Feel!!（考えるな、感じろ）」が語られた場面など複数箇

難易度
★★☆

到着までの所要時間
約90分

Data ▶ 青山寺　屯門青山青山寺徑　開放時間:6:00〜17:00

所に登場し、今も聖地巡礼に訪れるファンも多い。以前はスチール写真などによる解説展示があったが、現在撮影地に残るのはリーと老師のパネルのみ。しかし付近にはファンなら見て分かるポイントもある。もとより、青山寺そのものが趣深く、寺院全体が一級歴史的建造物に指定されている名刹なので、そこを歩き1500年流れ続ける歴史をFeelしてみて欲しい。

マップ ▶ p.123　詳細アクセス ▶ p.135

36

花炮展覧館《ワーパーウズィンラムグン》

Fa Pau Exhibition Hall

大きな慶祝装飾に詰め込まれた職人技

花炮とは、慶祝を現した紙製装飾のこと。香港では海の安全を守る女神・天后の誕生日（旧暦3月23日）の祭事に献上される。1400年代に建立されたここ后角天后廟《ハウゴッティンハウミウ》は、香港最古の天后廟のひとつで、そのすぐ横にある展覧館には、実際に祭で飾られた大型の花炮が展示されている。竹の骨組みを土台にした、高さ六メートル強もある花炮は、大きさもさることながら、そこに盛り込まれた装飾の細かさにも驚かされる。龍や鯉、麒麟などの動物や色鮮やかな花々をバックに、メインを張るのは福の神や三国志に登場する英雄たち。ラメパーツを散らせた衣装の細工や極細の針金を編んで作られた髪飾り、顔や指先、頭髪の1本1本まで丹念な作り込みようで、見ているだけなのに自然と息を止めてしまうほどの繊細さ。この巨大な花炮は、紙紮師《ジーザッシー》（紙の装飾を扱う職人）にとっては一番の腕の見せ所でプライドがかかった作品なのだという。花炮の専門展示館は香港でここのみ。青山寺（P.76）と合わせて訪れたい。

難易度

★★☆

到着までの所要時間

約60分

Data ▶ 花炮展覧館　屯門洪祥路天后廟廣場　開放時間:6:00〜18:00、土日祝10:00〜18:30　月曜休館

マップ▶p.127【新界西部】 詳細アクセス▶p.135

4

離《レイ》島《ドウ》

Islands

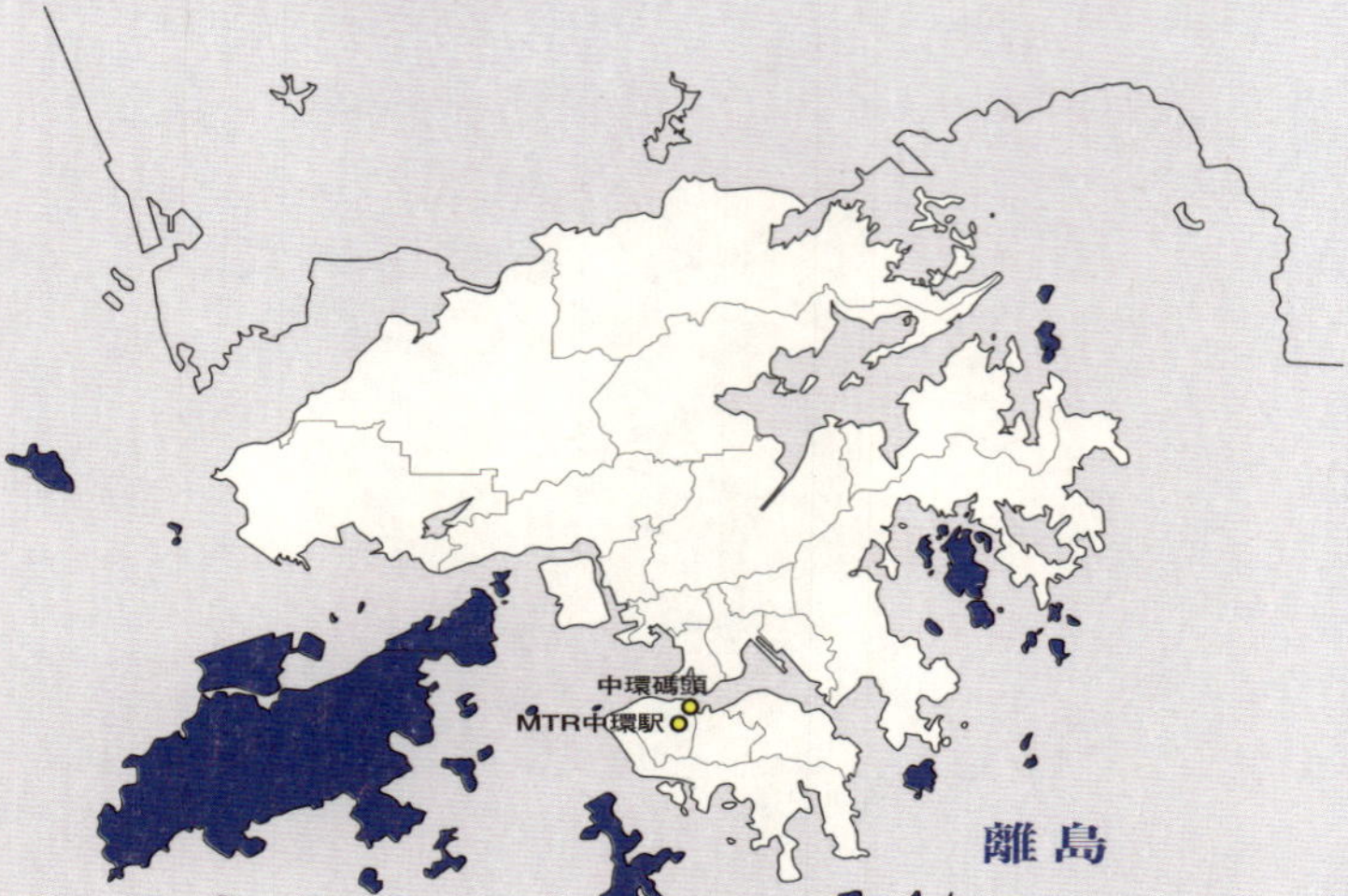

香港最大の島・大嶼山《ダイユゥサーン》（ランタオ島）を筆頭に、
香港には大小あわせて260を超える島がある。
フェリーが頻繁に行き来している島もあれば、
渡し船を依頼して行く島、
刑務所しかなく一般人は立ち入り厳禁の島、
無人島もたくさんあり、
香港島の夜景を輝かせる電力も離島で作られている。
土地の成り立ちも風の吹き方も異なる島は、
島そのものが見せてくれる表情も、
そこにあるスポットの歴史やみどころもそれぞれに個性的。
船での移動がそれほど珍しくはない香港では、
離島は遠い存在ではなく、生活のすぐそばにあり、
生活そのものを送るところでもある。

37

坪洲《ペンジャウ》 Peng Chau

おじいちゃんおばあちゃんが語らう静かな島

難易度
★⯪☆

到着までの所要時間
約70分

フェリーを降りて最初に目に入るのは、大きな木の下にイスを並べて寛ぐお年寄りたちの姿。2〜3人で穏やかに会話する姿もあれば、にぎやかに笑い声を立てるグループも。1900年初頭から陶磁器、生石灰、牛革などの生産工場が建ち並び、多くの職人やその家族が暮らした島。それら工場は姿を消して久しく、木陰のお年寄りたちはもしかしたら若かりし頃に職人としてそこで腕を振るっていた人たちかもしれない。点在する工場跡や廃校に今は昔の繁栄を感じ、知らぬ時代への郷愁を感じつつ細い路地を抜けると、その先に広がるのは静かな海。堤防に座っていると、聞こえてくるのは小さな波音と風音と遠くに鳥の声。現在もこの島には約7千人が暮らすというが、その割に人工的な音が少ないように思う。そんな坪洲も北西部では大規模な住宅開発が始まっている。住民の世代交代も遠くはなく、静けさの質が変わっていく日もまた。

右／北西部にある坪洲の最高峰、手指山は標高95メートル。
山肌に張り付く急階段を登った山頂からは東灣が一望できる
左／磁器の生産も盛んだったが、現在は工房がひとつ残るのみ。
丁寧に手描きされた器や皿は小売りもされている
超記瓷器
坪洲永興街7號　営業時間：11:00〜18:00　土日はほぼオープン、平日不定休

マップ▶p.127【坪洲】　詳細アクセス▶p.136　Data▶坪洲

History & Data | 歴史與資料

600年代、唐の時代には牡蠣の殻を使った石灰が造られていたという記録が残る。島の周辺の海は淡水と塩水が混じり、多様な海洋資源に恵まれたことから1600年代から漁港として栄えた。島周辺の海路が確立していて流通に便利なことと荷下ろしに漁港の活用が可能だったため、1930年代に複数の工場が建ち、それに伴う人口増ともなった。

38

銀《ンガン》礦《クォン》灣《ワーン》泳《ウィン》灘《ターン》

Silver Mine Bay Beach

フェリー乗り場にほど近いロングビーチ

難易度

★★☆

到着までの所要時間

約60分

Data ▶ 大嶼山梅窩東灣頭路

まだ長袖を着ている春先は、訪れる人も少なく、寄せる波の音も儚さをはらんだシーズンオフの様相。銀礦瀑布《ンガンクォンボッボウ》（P.86）と同様に、島の貴重な産業だった銀鉱山にちなんだ名前がつけられ、鉱山作業員たちも憩いに訪れた遠浅の海。背後に迫る山とビーチの間に点在する小さなホテル、小さな家、立派な邸宅などの前を歩いていると、高みからぽとりと木棉花《モッミンワー》(キワタの花)が落ちてきた。花の形のまま散る潔い花。香港に春を告げる季節の花が役目を終え、海に活気あふれるシーズンの到来を告げていた。

マップ ▶ p.126【梅窩】 詳細アクセス ▶ p.136

39

天《ティン》壇《ターン》大《ターイ》佛《ファッ》

The Big Buddha

宇宙事業的精密さで誕生した野外大仏

難易度

★★☆

到着までの所要時間

約110分

1906年に中国から到来した僧侶が設けた修行場が起源となっている寶蓮禪寺《ボウリンシンジー》。その寺を見守るように鎮座する巨大な青銅製の大仏「天壇大佛」は、香港と世界の平和繁栄を祈念して1993年12月29日に開眼した。完成までに12年の年月が費やされ、鋳造から組み立てまでは中国の宇宙事業を手がける企業が請け負ったという。木々が茂る小さな山の上に鎮座する大仏までの階段は268段あり、一直線に延びる急勾配を目前にすると一瞬ひるむ。しかし、遠目に見るよりもさらに穏やかさを感じる表情、手の平や着衣の細工やうねりなどは滑らで美しく、宇宙的繊細表現はぜひとも一度はそばで見上げたい。

Data ▶ 大嶼山昂坪寶蓮禪寺
大仏の開放時間:10:00～17:30　寺院、大仏は参観自由。ただし大仏内部に入るには要入場料

マップ ▶ p.127【大嶼山および新界南部】　詳細アクセス ▶ p.136

40

白銀郷《パッンガンヒォン》／銀礦瀑布《ンガンクォンボッボウ》

Pak Ngan Heung / Silvermine Waterfall

銀鉱山の元、緑に包まれた集落と滝の音

木立の中では鳥がさえずり、ゆるくうねる道を地元の人がゆっくりと自転車をこいで行く。道ばたの行き先標示に沿って日差しもうららかな道を進むと、悠然とした空気を纏った集落「白銀郷」に出会う。木々と家しかない小さな集落を見守っている文武廟《マンモウミウ》は、近くの銀鉱山での採掘を巡って争いが絶えなかった人々を戒め鎮めるために約400年前に置かれたという。朝の光の中へとふわりとのぼっていくお線香の白煙に、周辺の人々の厚い信仰を感じながらさらに山のほうへ。次第に耳に近づいてくる水音に自然と足も速まり、10分ほどで滝に到着した。白く涼やかな筋を作りながら水は岩肌を滑り落ち、緑の中に姿を消し、やがて銀礦灣にそそぐ。わかりやすく自然のサイクルをその姿に映して見せてくれ、ついあれもこれもと欲張ってしまいがちな旅の欲求を薄めてくれたかのよう。気負わない暮らしとわかりやすいサイクルの自然、シンプルっていいな、滝と滝までの道のりはそんなことを思わせてくれた。

白銀郷の入り口にはかわいらしい門が設けられている

難易度

★★☆

到着までの所要時間

白銀郷 70分

銀礦瀑布 80分

History & Data 歴史與資料

滝やビーチ（P.84）に名を残す銀鉱（銀礦）は、1862年から1986年にまで採掘され、白銀郷にも多くの住民を呼んだ。また米農業も盛んだったが、1957年に政府がランタオ島北西部に貯水池（石壁水塘）建築したことで給水路がたたれ衰退した。道中目にとまる「奕園」は、米卸売業の義和隆米行の社長が作った広大な敷地の別荘。

41

心《サム》經《ギン》簡《ガーン》林《ラム》

Wisdom Path

初々しいパワースポット。23番目の空白に何想う

難易度

★★☆

到着までの所要時間

約125分

※大仏からの道のりは、草木が生い茂ったやや寂しい道なので、訪れる時間帯に注意。

天壇大佛《ティンターンターイファッ》（P.85）から15分ほど歩いた山中。風水において気の流れのよい斜面に38本の木柱が∞（無限大）の形に配置され、そのうち37本に般若心経が刻まれている。23番目の木柱のみ何も書かれていないのは、仏教・道教・儒教で心の本質とされる「空」の状態を表しているのだとか。緑を覆う霧が立ちこめる中、天に向かう木柱の姿は凜としていて、悠久のパワーを受けた気分になる。

……と思ったが、実はここの歴史はまだ浅く、香港経済が低迷した2002年に、街の活性と市民感情の鼓舞のために設けられたもの。まだ初々しいパワースポットで浴びたのは、これから刻んでいく歴史を先取りしたパワーと思っておこう。

マップ ▶ p.127【大嶼山および新界南部】 詳細アクセス ▶ p.136 Data ▶ 大嶼山昂坪

42

大澳《ダイオウ》

Tai O

水上家屋が軒を連ねる人気の観光地

アクセス便利とはいえない場所ながら人気の観光地である大澳は、水路沿いに密集して建てられた棚屋（水上家屋）が有名で、ここ数年は日本のメディアにも取り上げられるようになった。棚屋は水中に立てた柱の上に建てられた家屋で、漁の行き帰りに船を横付けできる利便性から生まれた。そんな独特の家屋が連なる様は、広い空と緑の山となじんで味わい深い趣を見せる。細い一本道を南へと進んでいくと、いつのまにか歩いているのは私ひとりになっていた。棚屋周辺の商店街では通路を埋めるほどだった観光客はどこへ散

上／仕上げに入った蝦醬。
職人さんがせっせと
詰め替えの手をうごかしていた
下／生活道路でもある
青い大涌行人橋（横水橋）の下を
棚屋へ出入りする船が往来する

難易度

★★☆

到着までの所要時間

約100分

ったのだろうか。道々では大きな青い壺がいくつも並んでいるのが目にとまる。中に入っているのは蝦醤《ハージョン》という小エビを発酵させた赤紫色のペースト状調味料。大澳の伝統的な名産品で、炒め物に使うとエビの香ばしい香りが広がる。この発酵に欠かせないのが塩と強い日差し。海に面したこの土地は太陽もたっぷり降り注ぎ、もともとは塩田も広がっていた。棚屋のほかにもうひとつ、生活の中から生まれた名物が大澳にはある。

History & Data 歴史與資料

大澳に暮らしが形成されはじめたのは1800年代。恵まれた資源から広大な塩田が広がり、年間1,500トンを越える塩造りが行われていた。その海には海賊も増え、強奪や密輸が横行したため、1902年に南端に警察署が置かれた。海の安全が戻り2002年にその役目を終えた警察署は閉鎖後リノベーションされ、現在はホテルとして利用されている。

Data ▸ 大嶼山大澳

マップ ▸ p.127【大澳】 詳細アクセス ▸ p.136

43

大《ダイ》澳《オウ》観《グン》景《ゲン》台《トイ》

Tai O Viewing Platform

世界最長の海上橋をパノラマで

棚屋周辺の喧噪を離れ、北の山の方へ進む。水面に宝珠のような突起が現れる寶珠潭《ボウジュウタン》と呼ばれる淵が現れ、その反対側には1699年に設けられた南宋期の王、侯王をまつる楊侯古廟《ヨンハウグーミウ》が姿を見せる。小さな大澳のみどころを過ぎると現れる大澳観景台（展望台）。施設そのものは手入れがされているとはいえないものの、そこからの展望は、遮るものが何もない空と海、雲に引き上げられたかのように海上に姿を見せる港珠澳大橋《ゴンジュオウダイキウ》。香港―広東省の珠海―マカオを繋ぐ世界最長の海上橋は、周辺の海洋環境を変え、空から海へと広がっていた

難易度

★★☆

到着までの所要時間

約115分

青のグラデーションをふたつに分けてしまったが、ためらいなく真横に走るその姿はどこか超然としていて、悔しいけれど文句の言葉を出す前にじっと見入ってしまった。

まもなくの祭りに
祝旗をたなびかせる楊侯古廟は
1699年に落成した法定古蹟

History & Data　歴史與資料

港珠澳大橋は、海上橋としては世界最長で全長55キロメートル。2009年12月に着工、2018年10月24日に開通した。自動車専用橋で、制限速度は時速100キロ。越境バスや3つの地を結ぶシャトルバスも走行し、現在3時間かかる3都市間の移動が30～40分に大幅短縮するとされている。橋の上は中国大陸の右側通行が適用され、香港・マカオの入境施設を越えると左側走行となる。

Data ▶ 大嶼山大澳吉慶後街

マップ ▶ p.127【大澳】　詳細アクセス ▶ p.137

44

香《ヒョン》港《ゴン》國《ゴッ》際《ザイ》機《ゲイ》場《チョン》展《ズィン》望《モン》台《トイ》

Hong Kong International Airport Sky Deck

海と山を背景に、着陸体勢の機体が目前に

難易度

★⯪☆

到着までの所要時間

約40分

開放感のある屋外から着陸体勢の機体を観ることができる空港内展望台。世界的なハブ空港ゆえ飛行機の往来はひっきりなしで、繰り返し響くエンジン音が飛行機好き旅好きをワクワクさせてくれる。360度ビューの展望台北側は海に面し、屯門《ツウンムン》(Tuen Mun)の街並みや山も遠望できる。遠く光る白い点だった機体が少しずつ近づき、機体の尾翼に描かれたブラッシュウイングが見えてくると、心の中で「おかえり」と声をかける。香港國際機場はキャセイパ

Data ▶ 香港國際機場展望台　香港國際機場二號客運大樓離港層(L6)航空探知館　開放時間:11:00～22:00　入場料:大人15香港ドル

シフィック航空のホームグラウンド。現在、日本―香港便は6都市7空港から毎日20便以上を運航中※。成田・羽田発着は毎日9便体制、大阪発着は毎日6便と利便性に富んでいる。イギリスのスカイトラックス社によるワールド・エアライン・アワードでは最多受賞記録となる通算4回の「エアライン・オブ・ザ・イヤー」に輝く快適性に加えて、テキパキとしつつフレンドリーなフライトアテンダントの会話やアナウンスの広東語、機内モニターに現れる繁体字に、搭乗した瞬間から一気に〝香港〟に包まれるのがたまらない。乗っていても、機体を見ても心躍る香港スイッチがオンになる次の機会が待ち遠しい。

※2018年12月19日よりキャセイドラゴンが徳島―香港線就航予定

キャセイパシフィック航空
www.cathaypacific.co.jp

History & Data　**歴史與資料**

香港國際機場（香港国際空港）は1998年7月6日開港。ランタオ島に近接した赤鱲角（Chek Lap Kok）という人口島にある。ターミナル施設を挟み海側と陸側に3,800mの滑走路2本を備えた24時間空港で、年間利用者数7,000万人を越える。2023年完成を目標に第3滑走路の建設が進められている。

マップ ▶ p.127【大嶼山および新界南部】　詳細アクセス ▶ p.137

45

馬《マー》灣《ワン》涌《チョン》碼《マー》頭《タウ》

Ma Wan Chung Pier

特別ではない場所に広がる特別な夕景

難易度

★★☆

到着までの所要時間

約60分

大澳《ダイオウ》（P.90）のように大規模ではないものの棚屋があり、周辺には数軒の海鮮料理店が並ぶ。地元の人にとっては家族で食事に訪れるいつもの場所で、そこにあるのもいつもの景色。「特別なものは何もないけれど、きれいな夕陽が見られるところなんだよ」と、案内してくれたのも東涌に住む友人だった。細い路地を抜け、きしむ板張りの通路を渡って訪れた小さな船着き場。竿を使わず糸を垂らすだけの釣りをゆるく楽しむ男子と、自撮りを繰り返しながら夕陽を待つ女子。その横に腰を下ろす香港人と日本人。東涌灣《トンチョンワン》の上を横断する

Data ▶ 大嶼山東涌馬灣涌

ロープウェイ、湾の向こうの空港を飛び立つ飛行機も見え、間もなく暗がりとなる海では小さな漁船が帰港を急ぐ。陽が完全に落ち、濃いオレンジ色が広がりはじめると、偶然にもまた現れた反薄明光線（P.34）。橙に染まる空と染まらぬ空。空色をふたつに分ける見えないのに見える線は、人間が作り出したものを美しく覆う自然にしかない力。自然と人工が共存している香港らしい景色にまたここでも出会った。

History & Data　歴史與資料

香港最大の公営団地である逸東邨にほど近い。宋の時代から繁栄した漁村のひとつだったが、周辺の開発と同時に規模を縮小してしまった。碼頭までの道のりには低木のマングローブが茂り、野鳥も飛来するのんびりとした光景が広がる。周辺の海鮮料理店は鮮度の良さと低価格で人気が高く、週末は家族連れでにぎわう。

マップ ▶ p.126【東涌】　詳細アクセス ▶ p.137

46

東涌炮台《トンチョンパウトイ》

Tung Chung Fort

今は見えない海にひっそりと砲口を向ける砲台

東涌からバスに乗って10分ほど、小さな家屋が点在する集落で下車すると、すぐ目の前に入り口がある。現在は埋め立て地に林立する大きなマンションに立ち塞がれて見えなくなってしまった海は、1800年当時、ここ大嶼山（ランタオ島）と中国大陸をむすぶ重要な貿易ルートだった。その貿易船を狙う海賊、塩やアヘンの密輸船などから香港を守るための海軍本部として置かれたのがこの砲台。課外活動の小学生と入れ違いに中に入ってみると、石垣にぐるりと囲まれた敷地は存外に広く緑が多い。前面の石垣上に置かれているのは6基の大砲。今は風に鳴る葉音しか聞こえない静かな場から轟音を立てて放たれた大砲の数はどれほどだったのか。崩れることもなくそのままの姿を留めている石垣の上をゆっくりと一周してみると、建物の切れ間から小さな海がのぞいたが、ロープウェイが往来する先には香港国際空港の施設が低く海を遮っている。古地図ではすぐそこだった大海原は、やはりもう見ることができなかった。

上／堅強な石垣は完成当時のままの姿を残す
下／入り口正面に見える東涌公立學校の入り口には日に焼けた「使用停止」の通知書が貼られていた

History & Data | 歴史與資料

清朝の軍による海軍本部として1832年完成。1898年に新界が英国租借地となって以降は日本軍占領期をのぞき、兵営は警察署、教育施設、農業事務所などに利用された。現在は、2003年に廃校となった東涌公立學校の姿が残り、一部が東涌商工會の事務所と昔の東涌の農民生活の様子を見せる展示室となっている。1979年に法定古蹟に指定された。

難易度

★★☆

到着までの所要時間

約60分

Data ▶ 大嶼山東涌下嶺皮村

マップ ▶ p.126【東涌】 詳細アクセス ▶ p.137

47

機《ゲイ》場《チョン》維《ワイ》修《サウ》區《コイ》

Airport Maintenance Area

轟音と共に飛び立つ飛行機のビューポイント

小さくなる飛行機を見送ると、
背後からまた新たなエンジン音が聞こえてくる

難易度

★★☆

到着までの所要時間

約60分

グォーッというエンジン音を轟かせて大きな体を浮かせる機体。滑走路から浮き上がる姿を真正面に見て、頭上を通過していく姿をのけぞりながら見送る。いつどこで見ても旅心をかき立てられる大きな勇姿が、高く遠くへと飛んでいく。空港のメンテナンスエリアで働く人とともに路線バスに乗って終点まで。整備場へ飲み込まれていく人たちを背に、日差しを遮るものがなにもない道を歩いてやってきた先に、そんな昂ぶるご褒美が待っていた。海へ伸びる誘導灯、遠くに見える港珠澳大橋《ゴンジュオウダイキウ》。海と空に挟まれたビューポイントへ飛

Data ▶ 赤鱲角機場維修區南環路悠閒徑

行機が続けざまに飛んで行く様は活力に満ちて爽快で、誰もいないのをいいことに、「わーい！」と何度も声を上げてしまった。あと1機見たら帰ろうと何度も思いつつ、背後からエンジン音が聞こえてくるとつい足を止めてしまい、途切れることのないワクワクにそのまままさらに30分以上を過ごしただろうか。香港国際空港の島、赤鱲角《チェッラーップコッ》（Chek Lap Kok）のはしっこにあったのは、青さがまぶしい素直な興奮だった。

History & Data

歴史與資料

元々あった赤鱲角という島を周辺の岩礁とともに整地埋め立てして空港島とし、名称はそのまま引き継いだ。建物の上ギリギリを飛行することで有名だった啟德空港（P.42）から全機能を移転し 1998 年 7 月 6 日開港。現在の滑走路は 2 本で、この場所は陸側滑走路の敷地外側の道路脇にある。機場維修區行きのバスは通常の路線バスで誰でも乗車可能。

マップ ▶ p.127【大嶼山および新界南部】 詳細アクセス ▶ p.137

48

南丫風采發電站《ナムアーフォンチョイファッディンザーム》

Lamma Winds

嶺の中でひゅんひゅんと風を切る発電施設

難易度

★★☆

到着までの所要時間

約60分

香港で3番目に大きな島の南丫島《ナムアードウ》（Lamma Island）。島の北西にある榕樹灣《ヨンシュウワン》フェリー乗り場に到着すると、低く嶺を横たえる山の上にちょこんと小さく顔を出す風力タービン（風車）を見ることができる。現在あるのは1基のみだが、香港電燈公司による歴とした風力発電施設で、香港初の試みとして2006年に正式運用が始まった。緩やかな山道を15分ほど上っていくと次第にヒュンヒュンという風を切るプロペラ音が大きくなり、唐突に木々の隙間から白く伸ばした羽根が姿をのぞかせる。46メートルもある塔の上で力強く回り

続けているのは1枚が25メートルもある羽根が3枚。この1基から作り出される電力はわずかばかりで、これは生産性というより将来的な再生資源の発展と展望を見据えた実験的なプロジェクトだという。たった1基、山の上ですっくと背を伸ばし、未来への期待の風を受ける姿に孤軍奮闘という言葉を思い浮かべ、思わず「がんばれ!」と感情スイッチが入ってしまったのもまた旅情のひとつなのかもしれない。

上／基部にリアルタイムで表示される発電データ
下／すぐ脇の展望台からはより近くに回転する羽根を見ることができる

Data ▶ 南丫風采發電站
南丫島大嶺
風車の基部周辺に風力発電に関する展示あり。
開放時間:7:00〜18:00

マップ ▶ p.124【香港島】 詳細アクセス ▶ p.137

49

發電廠沙灘《ファッディンチョンサーターン》

Lamma Power Station Beach

ビーチから望む3本煙突の工場夜景

難易度

★★☆

到着までの所要時間

約45分

香港の電力は、香港島と南丫島《ナムアードウ》(Lamma Island)は香港電燈(HK Electric)、それ以外の地域へは中華電力(CLP Power)と2社によって分割供給されている。香港電燈は1890年に設立された世界最古の電力会社のひとつで、この南丫島の工場は1982年に運用を開始した。遠目にも見ればすぐにそこが南丫島とわかる3本の煙突。工場の象徴の向こうに陽が落ちると無機質な要塞が感情を帯びてくる。コンクリートの鉄の塊に航空障害灯の赤い光と蛍光灯の白く強い光。小さくまたたく光の中に白くたなびく煙も見える。ビクトリア港越しに、またはビクトリアピークから、多くの旅人を喜ばせる香港島のビル夜景を司る電力は、今このビーチの先で作り出されている。

マップ ▶ p.124【香港島】 詳細アクセス ▶ p.138 Data ▶ 南丫島發電廠沙灘

50

馬灣村《マーワンチュン》

Ma Wan Village

大きな橋の下、消えた小さな漁村

難易度

★★☆

到着までの所要時間

約60分

空港からバスで街へと向かう際、大きな吊り橋型の2基の橋、汲水門橋《カップソイムンキウ》と青馬大橋《チェンマーダイキウ》を通過する。その左手に流れて行く景色が残像として残るほどの大型の高層住宅群があるのがここ馬灣《マーワン》。かつては島の西側の馬灣村に５００人ほどが住み、小さな集落ながら漁業で大いに栄えた。天后廟《ティエンハウミウ》があると聞き、散歩するつもりでふらりと西の村に足を踏み入れると、そこには住む人のいない集落がそのままに残されていた。廃墟にはなっているものの、繁栄の頃を忍ばせる凛とした姿の建物には、壁や窓枠などに施された手の込んだ装飾がはっきりと残る。沿岸らしい強い日差しが注ぐ路地、壁の店名がそのまま残る商店、細かなモザイクタイルが張られた食堂の床。色濃く残る暮らしの跡をなぞって行くと、どこからか人々のにぎわいが聞こえてくるような錯覚に陥る。海の安全を守る女神・天后が見守り続けた小さな村、誰もいない村を今は巨大な橋梁が見下ろしている。

上／馬灣村の漁民を見守った天后を祀る天后廟は現在も丁重に管理されている　**下**／1920年代に創立した村人のための小学校「芳園書室」は2003年に廃校に。現在は馬灣の歴史を伝える小さな資料室となっている

芳園書室

荃灣馬灣的田寮村　開放時間：月・水～日　9:00～12:30、13:30～17:00、一部祝日は～15:00　火曜休館、入場無料

History & Data | 歴史與資料

1897年、清朝により税関にあたる「九龍關」が置かれたことで集落が形成された。1997年にふたつの大橋が完成すると土地の買い上げが始まり2000年に入ってすぐに廃村となった。地名に灣と付いているが島そのものの名称で、南側から見た島の形が馬に似ていたからその名が付いたという。東側に大型マンションができたことで現在の馬灣全体の住民は約1万6,000人となっている。

Data ▶ 馬灣馬灣大街

マップ ▶ p.126【馬灣】 詳細アクセス ▶ p.138

51

馬《マー》灣《ワン》東《ドン》灣《ワン》泳《ウィン》灘《ターン》

Ma Wan Tung Wan Beach

青馬大橋のベストビュービーチ

難易度

★⯪☆

到着までの所要時間

約30分

馬灣《マーワン》と隣の島・青衣《チンイー》（Tsing Yi）を結ぶ青馬大橋が目前に伸び、その大きさと迫力を存分に感じられるビーチは島民専用。１４０メートルほどとコンパクトながら、混み合うことのない白砂のプライベートビーチで、波打ち際に座りキャーキャーと楽しそうな声を上げる子供たちの姿が微笑ましい。その姿を見下ろすようにそびえる堅強な吊り橋型の橋は、全長２１６０メートルで世界10番目の長さ。道路の下には鉄道が走っていて、道路鉄道併用橋としては開通時から20年を超えて世界最長を保ち続けている。夜になると橋の主柱やメインワイヤーに数多の暖色の光が灯り、ビーチに寄せる静かな波は黄金に染まる。

Data ▶ 馬灣東湾泳灘

マップ ▶ p.126【馬灣】 詳細アクセス ▶ p.138

52

鹽田梓《イムティンジイ》

Yim Tin Tsai

塩田とカトリック教徒の小島

島の入り口、船着き場に面した高台に建つ教会。陽の光を受けて柔らかく波がきらめく海が一望できる地に、この島にとってなくてはならない象徴があった。1700年代初頭からの歴史を持つここの鹽田梓は、のちに暮らした島民全員がカトリック教徒となったという小さな島。

1980年代に入るとインフラ整備の遅れによる暮らしにくさから島を出る人が増えた。のちに島民全員が島を離れてから村は荒廃するがままとなってしまったが、なによりも大切にされてきた教会には信者を中心とした修復の手が入り、かつての厚い信仰の様子をそのままに伝えている。「塩田のある故郷」という意味でもある鹽田梓の名の通り、島では入植当初から塩作りが行われていた。

現在、その塩田を復活させようと2013年から再生活動が進められている。まだ食用には至らないものの活動は順調で、このまま精度を高めて鹽田梓産の塩として香港市場に流通させたいということだった。島民が消えて約30年、小さな島は消滅の時の中に再生の力が同居した不思議なタイムスリップ空間だった。

History & Data | 歴史與資料

約300年前広東省に由来する客家の陳一族が入植。農業、漁業、塩の精製で生計を建てていた小さな島に、1864年に宣教師ふたりが渡ったことからキリスト教が伝播。1875年までに全島民がカトリック教徒となった。最盛期には500人ほどが暮らしたが、現在住民はいない。入島は土日祝のみ可能。

住居跡の窓にあるステンドグラスや島に暮らした宣教師の家など、要所にも「カトリック教徒の島」の片鱗がうかがえる

※資料館と塩田の見学には、保護再生への支援金（10香港ドル～）が必要。

難易度

★★☆

到着までの所要時間

約60分

聖若瑟堂（Saint Joseph's Chapel）は 1890 年設立。
シンプルな造りで、赤の色使いが香港的

Data ▶ 西貢區鹽田梓村

マップ ▶ p.126【新界東部】 詳細アクセス ▶ p.138

53

塔門《タップムン》

Grass Island

のどかな魅力がぎゅっと詰まった草と岩の島

上／岩の重なり方が漢字の「呂」の字に見えることから「呂字疊石」ともいわれている。高さは約6メートル
下／塔門名物のウニ炒飯。100香港ドルと値は張るがせっかくなので味わいたい

新恵和
塔門海傍街3號
営業時間：7:30～18:00 不定休、旧正月休

難易度
★★★

到着までの所要時間
約120分

電車を降りてからバスを2回乗り継ぎ、さらに船に乗って——と、アクセス面からも本書の中でも断トツのはしっこ感。崖上に広がる草地がキャンプ地として人気で、週末にはカラフルなテントが複数張られ、障害物のない空にはスポーツカイトが踊る。しかし、頭上のカイトや光る海に気を取られていると、ムニッとしたものを踏むので要注意。周辺にはモソモソと草を食む自由気ままな牛がそこここに。進路を塞ぐ牛をよけながら敷かれた遊歩道を進むと、崖下にせり上がる力強い岩の合間に現れるのが「疊石《ディップセッ》（Balanced

Data ▶ 大埔區塔門洲

Rock)」。上下の共に傾斜のついた石が重なり合っているにもかかわらず、絶妙なバランスで落ちない岩。近くで遠くでその姿を眺め、理屈なんて通用しない力が働くことってあるものね、なんて思う頃には島らしく天気が急転し、黒い雲が立ちこめて突然の豪雨が。地面に落ちて打ち返す激しい雨に上からも下からも濡らされて、とんでもない有様になった私を、いち早く東屋に避難していた牛がじっと見ていた。

History & Data

歴史與資料

1600年代には廣州の貿易船のための食料や水の補給地点として書物に名が記されていた。島の入り口に建つ天后廟の成り立ちは1740年という。漁業が盛んで60年代のピーク時には2,000人の住民が暮らしたが、現在の住民は100人ほど。塔門という名称は、崖下の岩柱が仏塔に見えることに由来し、牛が好む草が茂るのでGrass Islandという英名も付いている。

マップ ▶ p.122【塔門】 詳細アクセス ▶ p.138

54

東龍洲《ドンロンジャウ》

Tung Lung Chau

上陸できるのは休日のみ。緑と青に満ちた島

難易度

★★☆

到着までの所要時間

約60分

街の高層ビル群を背に、船で東へ30分。背後には香港島の高層マンションが見える距離にありながら、囲む海の段違いの透明度に驚かされる。白砂のビーチと、ミントグリーンから次第に濃度を上げていく青の海は、泳がずとも見ているだけで心地よさが体に染みていく。小さな飲食店を営む10数人が住む船着き場周辺以外は無人域。必要以上に人の手が入っていないせいか、道々には街では見ない鮮やかな色の花がたくさん自生している。崖から海を眺め丘に登りと動き回り、良観に興奮したせいか道に迷ってしまい、出会った男性に

Data ▶ 西貢區東龍洲

道をたずねるとわざわざ分岐点まで先導してくれた。聞けば警察官で道案内はお手のもの。今日はオフで仲間と遊びに来たとのことで、別れ際に「楽しい！　がんばて！」とカタコトの日本語で声をかけてくれたのがうれしかった。たくさんの香港人が仲間や家族とにぎやかに週末のレジャーに訪れる島、ひとりふらりと訪れただけの外国人の私も、充分なほどに用意された景勝と出会った優しさに癒やされた。

History & Data｜歴史與資料

先史時代に彫られた石刻が島の西に残る。1200年代から貿易船の監視機関として利用されたのち、軍の駐屯地となり周辺の海や海峡で暗躍した海賊との攻防拠点となった。1662年から1722年にかけて島の北東部に設置された8基の大砲の砲台跡は法廷古蹟として保存されている。香港島の西灣河と九龍半島の三家村から、土日祝のみ船が運航される。

上／打ち寄せる波に乗って岩場に小魚もやってくる
下／低木と岩に覆われた丘は、めんどりのトサカに似た岩があることから、そのまま「雞乸岩」（ガイナアンガーム／ Hen Hill）と呼ばれている

マップ ▶ p.122　詳細アクセス ▶ p.138

55

蒲台島《ポートイドウ》

Po Toi Islands

風と白い灯台と広い広い水平線。香港最南端の島

海苔の養殖が盛んなことから元々は「蒲苔島」と記した。いつ行っても海から吹き付ける強い風音が耳に残り、勝手にエミリー・ブロンテの『嵐が丘』のイメージを重ね合わせている。花崗岩の風化で生み出された不思議な形の岩たちの間を抜けながら、香港最南端の現役灯台へ。ゴツゴツとした岩肌も見える丘の上に建つ白い立方体が126燈塔《ダンタップ》(灯台)。灯台が航行目標として光を送る先の海は香港ではなく中国の海域。ひたすら広い海なのに、崖の先すぐで香港が終わってしまうという寄る辺のなさに淡い不安感を覚えるも、余計

難易度

★★☆

到着までの所要時間

約70分

Data ▶ 蒲台群島蒲台島

なもののないランドスケープに「きれいだな」という言葉もこぼれる。強い風に吹かれながらどこか荒涼感のある島の南部を巡ったあとは、船着き場近くに戻って名物の海苔のスープでお腹を満たす。広がる磯の香りと温かさに、風に負けまいと知らず知らずのうちに体に入っていたらしい力が抜けていく。この島ならではの荒さのある景観と素朴な名物は、香港の南端の魅力。まだそれが残る今、できる限り享受したい。

History & Data | 歴史與資料

周辺の小島を含めて「蒲台群島」と呼ばれ、蒲台島はその中で一番大きく唯一住民がいる。3000 年前のものとされる石刻が見つかっているが、詳細な記録は残っていない。1950 年代には 2,000 人の住民が暮らし、漁業や海苔の養殖などで生計を立てていたが、電気水道が通っていないことも影響し、現在は 10 人ほどが暮らすばかりとなっている。

マップ ▶ p.122　詳細アクセス ▶ p.139

56

橋咀洲《キウチョイジャウ》

Sharp Island

潮が引くと現れる〝パイナップルパン〟を探しに

海鮮料理店が集まることで有名な西貢《サイコン》（Sai Kun）から乗り合い船で15分ほどの橋咀洲も、萬宜水庫《マーンジッソイフー》（P.72）と同じく特殊な地質環境を持つ香港地質公園のひとつ。この島は周辺域で最も古い1億4千年前の火山岩で形成されていて、干潮時には陸地と沖合の島を結ぶ砂州が現れるトンボロ現象により、隣の橋頭という小島と陸続きになる。約250メートルの長さの砂州はごつごつとした無数の石が覆い、ところどころに、表面がひび割れた丸い岩が転がっている。それが香港の有名な菓子パンで、日本のメロンパンのような形状の

上／海ではマリンスポーツも盛んに行われている
下／おだやかな環境なので、親子連れの姿も多く見られる

難易度

★★☆

到着までの所要時間

約**70**分

菠蘿飽《ボーロウバウ》＝パイナップルパンに似ていることから、島には「菠蘿飽島」というかわいい愛称がついている。残念なことに、長い年月のうちに菠蘿飽岩も風化が進み減少してきているようで、島を訪れ始めてからわずか3年半ほどだが、気に入る岩が見つけにくくなったと感じている。とはいえ、唐突にコロンとした岩と出会える喜びはまだ残っているので、砂州を歩くときは、視線を多方へ走らせて宝探しを楽しんでみて欲しい。

History & Data 歴史與資料

香港地質公園（香港ジオパーク）、は地質遺産の保護などを目的に香港政府と環境保護団体などにより制定され2009年に開園した。橋咀洲は周辺の7つの小島を含めた一帯からなり、周辺はサンゴの保護域にもなっている。砂州の近くの橋咀洲ビーチとさらに南にある半月湾ビーチの2か所に渡し船が往来する。

Data ▶ 西貢區橋咀洲

マップ ▶ p.126【新界東部】 詳細アクセス ▶ p.139

57

長洲《チョンジャウ》
Cheung Chau

饅頭祭りに島じゅうの熱が集結する

上／5メートルもの大きさの守り神たち
下／無病息災を願って食べる平安饅頭。祭りの期間中の精進料理のひとつなので、ラードやバターなど動物性のものは無添加

長洲太平清醮とは

旧暦4月5日から9日にかけて行われる（旧暦なので毎年その日付は変わる）。起源は18世紀、悪霊に取り憑かれた島は、疫病が蔓延して衰退してしまった。悪霊を封じようと北帝廟の北方真武玄天上帝に手厚い祈りを捧げ、像を置くことで多くの神がやってきたように装い、島民は着飾り華やかな島の様子を見せることで悪霊を追い払ったという。張り子の神や派手めな仮装をした子供たちのパレードがその様子を今に伝えている。

ビーチで遊んだり散歩をして飲茶をしたりと、多くの香港人も週末になるとレジャーに訪れる島。中でも饅頭祭りこと長洲太平清醮《チョンジャウターイペンチェンジウ》の期間中は特に熱を帯びて、毎年平均5万人が島外からやってくるという。暑さも盛りの空の下、島一番の広場には無数に饅頭が付いた塔が立つ。大きな張り子の神様たちも現れ、厳かなのにユーモラスな祭りの様子に自然と気持ちが沸き立ってくる。路地にあるお店で「平安」の赤いスタンプの押された縁起物の饅頭を買い食べながら歩くと、最終日に行われる悪霊払いのパレードやドラゴンダン

難易度

★⯪☆

到着までの所要時間

約40分

Data ▶ 長洲

スの披露に向けて準備を整える、一生懸命な島民の姿に触れることができた。塔に付けられた9千個の饅頭を争奪する有名な搶包山比賽《チョンバウサーンベイチョイ》は祭りのフィナーレで、それ以前にも神様を迎える儀式やもてなす粵劇《ユッケ》（広東オペラ）の上演など、伝統に基づいた華やかで熱気あふれる行事が5日間に渡って行われる。島全体に特別感があふれる祭りの時期、一度は長洲へ行ってみないと損するよ！と言い切ってしまいたい。

History & Data 歴史與資料

島の東部で見つかった石刻から、3000年前にはすでに島民がいたと推測されている。海賊が隠れ住んでいたという話もあるが、詳細は不明。香港ーマカオ間を往来する多くの船が寄港するため、1800年代後期には税関的な役割を担う施設が置かれ、職員など5,000人の島民が暮らしていた。現在の人口は2万5千人弱。漁業従事者が多い。

マップ ▶ p.127【大嶼山および新界南部】 詳細アクセス ▶ p.139

深圳
立入り禁止区域
沙頭角
大鵬灣
吉澳洲
塔門
深圳駅
沙頭角海
打鼓嶺
羅湖駅
荔枝窩
新恵和
p.112【p.138】
車湾
天后廟
p.112【p.138】
娥眉洲
往灣洲
疊石
p.112【p.138】
塔門碼頭
(Tap Mun Pier)
500m
南涌
鹿頸
上水
梧桐河
烏蛟騰
印洲塘
黄竹角海
古洞
上水駅
龍躍頭
龜頭嶺
八仙嶺郊野公園
粉嶺
屏風山
八仙嶺
黄嶺
粉嶺駅
大美督
船灣淡水湖
赤門海峡
海下灣海岸公園
海下灣
塔門洲
太和駅
康樂園
大埔
大刀屻
大埔墟駅
白沙頭洲
海下
大灘
馬屎洲
荔枝莊
大灘海峡
吐露港
東鐵綫
石崗
烏溪沙
烏溪沙駅
企嶺下海
石屋山
榕樹澳
南蛇頭
新界
沙田海
草山
大學駅
馬鞍山駅
馬鞍山
赤徑
西灣
大浪灣
北潭涌
城門水塘
荃灣駅
荃灣西駅
沙田
馬鞍山綫
小瀝源
西貢
鹽田仔
西貢海
萬宜水庫
葵涌
下城門水塘
大圍駅
荃湾
望夫石
白沙灣
橋咀洲
新界東部
萬宜水庫東壩
p.72【p.135】
青衣駅
九龍水塘
獅子山
三星灣
滘西洲
飛鵝山
糧船灣海
深水埗
九龍塘駅
九龍
牛尾海
吊鐘洲
伙頭墳洲
昂船洲
太子駅
九龍灣駅
寶琳駅
牛尾洲
大角咀
油麻地駅
沙塘口山
火石洲
觀塘
將軍澳駅
九龍駅
黄埔駅
香港
MTR香港駅
西九龍駅
油塘駅
康城駅
維多利亞港
北角
鯉魚門
東龍洲北碼頭
(Tung Lung Chau North Pier)
將軍澳
清水灣
堅尼地城駅
太平山
金鐘駅
柴灣
東龍洲(燈塔)
p.114【p.138】
MTR中環駅
香港島
柴灣駅
香港仔
東博寮海峡
黄泥涌水塘公園
哥連臣山
東龍洲
砲台跡
p.114【p.138】
果洲群島
海洋公園駅
深水灣
淺水灣
海怡半島駅
榕樹灣
大潭灣
下尾灣
赤柱
索罟灣
赤柱灣
赤柱半島
南Y島
東澳灣
香港島
蒲台島
蒲台島
p.116【p.139】
蒲台公衆碼頭
(Po Toi Public Pier)
126燈塔
p.116【p.139】
地図の見方
西環泳棚
p.10【p.130】
スポット名
詳細アクセス掲載ページ
記事掲載ページ
アクセスの起点や目印
MTR中環駅
東龍洲(Tung Lung Chau)フェリー乗り場
5km

離島など詳細な地図がない場所もありますが、現地には行き先標示や案内板などがあるので、それに沿ってお進みください。詳しいアクセスはそれぞれP.129-139に記載しています。

香港島
廣深港高速鐵路
東涌綫
機場快綫
荔枝角駅
美孚駅
長沙灣駅
深水埗駅
石硤尾駅
樂富駅
九龍塘駅
東鐵綫
黃大仙駅
鑽石山駅
彩虹駅
九龍東部
新界
寶琳駅
坑口駅
九龍灣駅
觀塘綫
觀塘
南昌駅
太子駅
旺角東駅
大角咀
昂船洲
奧運駅
旺角駅
九龍
油麻地駅
九龍西部
黃埔駅
九龍灣
九龍駅
香港駅
西九龍駅
西鐵綫
荃灣綫
紅磡駅
北角駅
油塘駅
調景嶺駅
將軍澳駅
將軍澳綫
鯉魚門
將軍澳
維多利亞港
西區公眾貨物裝卸區 10
p.26【p.131】
香港大學駅
西營盤駅
上環駅
MTR香港駅
1 西環泳棚
p.10【p.130】
域多利道
銅鑼灣
北角
鰂魚涌
炮台山駅
太古駅
中環周辺
西灣河周辺
堅尼地城駅
太平山
金鐘駅
MTR中環駅
港島綫
灣仔駅
銅鑼灣駅
天后駅
杏花邨駅
東博寮海峽
瀑布／瀑布湾 5
p.18【p.130】
柴灣
羅屋民俗館
柴灣駅
跑馬地
香港島
柏架山
華富邨銀都冰室 7
p.20【p.131】
南港島綫
8 香港仔水塘
p.22【p.131】
大潭水塘
香港仔郊野公園
石澳郊野公園
香港仔
海怡半島駅
9 香港仔避風塘
p.24【p.131】
哥連臣山
榕樹灣渡輪碼頭
(Yung Shue Wan Ferry Pier)
海洋公園駅
大浪湾泳灘
黃竹坑駅
大潭中水塘
利東駅
11 大潭篤水塘水壩
p.28【p.131】
48 南丫風采發電站
p.102【p.137】
榕樹灣
太平山
盧吉道 4
p.16【p.130】
扯旗山
3 山頂食水配水庫
p.14【p.130】
山頂花園涼亭 2
p.12【p.130】
旧総督山頂別墅守衛室
山頂公園
ピークタワー
山頂凌霄閣纜車駅
中環花園道 山頂纜車総駅 →
山頂（Victoria Peak）バスターミナル
太平山獅子亭
200m
建興亜婆豆腐花（豆腐デザート店）
49 發電廠沙灘
p.104【p.138】
下尾灣
南Y島
赤柱
大潭灣
石澳村 6
p.19【p.130】
大頭洲 12
p.30【p.131】
赤柱半島
2km

中環周辺
尖沙咀 ↗
中環碼頭（Central Ferry Piers）
↑九龍駅
東涌綫
機場快綫
民光街
スターフェリー乗り場
香港海事博物館
金融街
國際金融中心
←上環駅
港島綫
トラム
MTR香港駅
香港摩天輪
民耀街
中環中心
干諾道中
交易廣場（エクスチェンジスクエア／Exchange Square）バスターミナル
龍和道
皇后大道中
德輔道中
MTR中環駅
香港大会堂
中環
畢打街
荃灣綫
港島綫
置地廣場
遮打花園
金鐘駅 ↘
200m

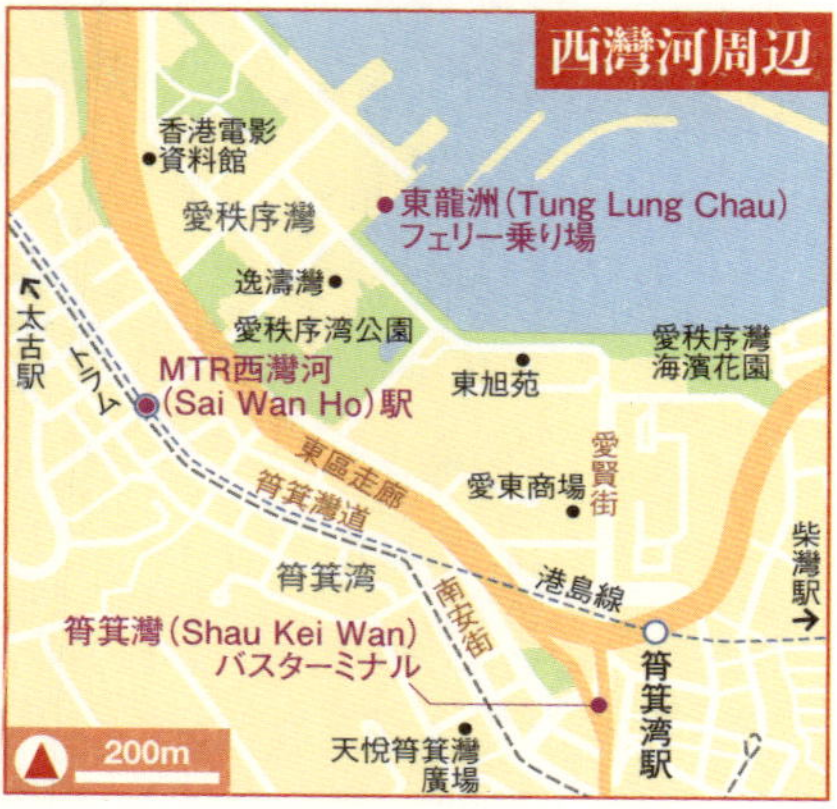
西灣河周辺
香港電影資料館
愛秩序灣
東龍洲（Tung Lung Chau）フェリー乗り場
逸濤灣
愛秩序湾公園
↖太古駅
トラム
MTR西灣河（Sai Wan Ho）駅
東旭苑
愛秩序灣海濱花園
東區走廊
愛賢街
筲箕灣道
愛東商場
筲箕湾
港島線
南安街
柴灣駅 →
筲箕灣（Shau Kei Wan）バスターミナル
筲箕湾駅
天悅筲箕灣廣場
200m

九龍東部
↖九龍塘駅
彩虹道
觀塘繞道
太子道東
MTR彩虹(Choi Hung)駅
西貢(Sai Kung)行き
小巴乗り場
新清水灣道
新清水灣道
觀塘道
新界
九龍灣
觀塘綫
九龍
MTR九龍灣
(Kowloon Bay)駅
17 君立酒店
p.40【p.132】
秀茂坪道
康寧路
協和路
牛頭角駅
觀塘繞道
觀塘道
觀塘駅
將軍澳道
觀塘海濱花園 19
p.44【p.133】
偉業街
開源路
藍田公園
藍田
將軍澳駅
九龍麪粉廠 16
p.39【p.132】
觀塘碼頭
広場
麗港城
商場
藍田駅
啟德跑道公園 18
p.42【p.132】
21 茶果嶺 榮華冰室
p.46【p.133】
茶果嶺 開記(協和)冰室 21
p.46【p.133】
茶果嶺道
20 茶果嶺天后廟
p.45【p.133】
觀塘綫
將軍澳綫
調景嶺駅
九龍灣
油塘駅
大本型
將軍澳華人
永遠墳場
東區海底隧道地下鐵路
將軍澳綫
油塘
炮台山駅
東區走廊
英皇道
トラム
北角駅
港島綫
鰂魚涌公園
鰂魚涌駅
太古城
鯉魚門燈塔 22
p.48【p.133】
500m

九龍西部
油麻地駅
大圍駅
京士柏道花園
百老匯
電影中心
何文田駅
東九龍走廊
紅磡道
西九龍公路
油麻地
紅磡觀音廟
觀塘綫
廣深港高速鐵路
荃灣綫
九龍
佐敦道
德民街
柯士甸駅
佐敦駅
黃埔駅
九龍駅
東鐵綫
香港
理工大学
天際100
柯士甸道
暢運道
香港九龍駅
紅磡駅
德豐街
聖安德烈堂
紅磡灣
香港
科学館
漆咸道南
彌敦道
中港城
九龍公園
尖沙咀
西鐵綫
新港中心
尖沙咀駅
機場快綫
東涌綫
廣東道
海運觀點 13
p.34【p.132】
紅磡渡輪碼頭 15
p.38【p.132】
尖東駅
梳士巴利道
海港城
14 大包米訊號塔
p.36【p.132】
維多利亞港
天星碼頭
(Star Ferry Pier)
香港
文化中心
海底隧道
↓香港駅
↓金鐘駅
500m

新界東部
船灣淡水湖
汀角路
23 大埔墟富善街
p.52【p.133】
太和駅
大埔
23 香港鐵路博物館
p.52【p.133】
大尾篤
水上活動中心
25 船灣淡水湖主壩
p.56【p.134】
白沙頭洲
馬屎洲
26 船灣避風塘防波堤
p.58【p.134】
24 綠匯學苑（舊大埔警署）
p.54【p.133】
大埔墟駅
東鐵綫
新界環迴公路
吐露港
烏溪沙
烏溪沙駅
馬鞍山駅
恒安駅
新界
沙田海
大學駅
草山
馬鞍山
馬鞍山
大水坑駅
馬鞍山綫
萬佛寺 34
p.74【p.135】
火炭駅
馬場駅
馬鞍山郊野公園
新城市中央廣場
石門駅
沙田駅
沙田
第一城駅
沙田圍駅
大圍駅
車公廟駅
沙田車公廟
大老山公路
九龍塘駅
海下灣海岸公園
海下灣
海下
大灘海峽
荔枝莊
石屋山
黃石碼頭
(Wong Shek Pier)
企嶺下海
榕樹澳
赤徑
北潭路
西貢東郊野公園
西沙路
北潭涌
西貢公衆碼頭
(Sai Kung Public Pier)
西貢（Sai Kung）
バスターミナル
鹽田梓碼頭
(Yim Tin Tsai Pier)
52 鹽田梓（聖若瑟堂）
p.110【p.138】
西貢
鹽田仔
萬宜水庫
橋咀洲
(Sharp Island)
船着き場
西貢海
大頭洲
橋咀洲（砂州）56
p.118【p.139】
白沙灣
橋咀洲
2km

東涌
機場駅
機場快綫
觀景山
東涌臨時巴士總站
(Tung Chung
Temporary Bus Terminus)
バスターミナル
文東路公園
欣澳駅
赤鱲角南路
達東路花園
北大嶼山公路
昂坪360（Ngong Ping360）
ロープウェイ乗り場
東涌綫
東涌（Tung Chung）
バスターミナル
東涌灣
MTR東涌
(Tung Chung)駅
東涌小砲台
東涌道北
順東路
45 馬灣涌碼頭
p.96【p.137】
東涌消防局
東涌舊漁村
裕東路
逸東商場
逸東邨
(Yat Tung Estate)
バスターミナル
北大嶼山醫院
裕東路
東涌路
46 東涌炮台
p.98【p.137】
200m

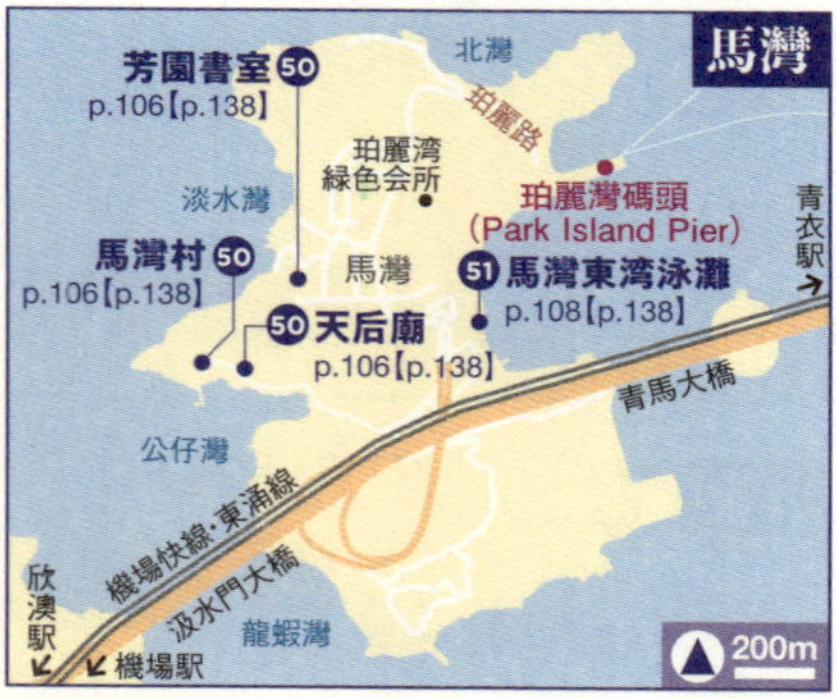
馬灣
芳園書室 50
p.106【p.138】
北灣
珀麗路
珀麗湾
緑色会所
淡水灣
珀麗灣碼頭
(Park Island Pier)
青衣駅
馬灣村 50
p.106【p.138】
馬灣
51 馬灣東湾泳灘
p.108【p.138】
50 天后廟
p.106【p.138】
青馬大橋
公仔灣
機場快線・東涌線
汲水門大橋
欣澳駅
龍蝦灣
機場駅
200m

梅窩
40 銀礦山跡
p.86【p.136】
40 銀礦瀑布
p.86【p.136】
衛理山莊及衛理園
40 白銀鄉
p.86【p.136】
38 銀礦灣泳灘
p.84【p.136】
梅窩
銀礦廣場
梅窩渡輪碼頭
(Mui Wo Ferry Pier)
嶼南道
銀鑛灣
200m

新界西部
32 流浮山
p.70【p.135】
香港湿地公園
天水圍
32 汝記蠔油公司
p.70【p.135】
深港西部公路
天水圍駅
厦村
元朗
朗屏駅
MTR元朗
(Yuen Long)駅
南生圍
30 南生圍
p.66【p.134】
福田駅
鶏公嶺
林村
郊野公園
林村許願樹
大刀屻
八鄉
錦田
大埔
西鐵綫
元朗公路
錦上路駅
石崗
青朗公路
廣深港高速鐵路
嘉道理
農場暨植物園
大帽山郊野公園
大帽山
藍地
兆康駅
新界
屯門
MTR屯門
(Tuen Mun)駅
36 花炮展覧館
p.78【p.135】
大欖郊野公園
大欖涌水塘
嘉頓展覧館 27
p.60【p.134】
城門水塘主壩 28
p.62【p.134】
城門水塘 白千層林 29
p.64【p.134】
城門水塘
城門水塘小巴バス停
MTR荃灣
(Tsuen Wan)駅
葵涌
下城門
水塘
荃灣西駅
荃灣
深井
汀九橋
美孚駅
香港
西九龍駅
青山灣
2km

大嶼山および新界南部
大澳
43 大澳観景台
p.92【p.137】
虎山観景台
寶珠潭
将軍石
大澳
42 蝦醤
p.90【p.136】
大涌行人橋
(横水橋)
大澳(Tai O)
バスターミナル
500m
西鐵綫
元朗駅
MTR屯門
(Tuen Mun)駅
新界
元朗駅
MTR荃灣
(Tsuen Wan)駅
大窩口駅
屯門
大欖涌水塘
荃灣
西鐵綫
青山灣
大欖涌
深井
荃灣西駅
葵興駅
葵芳駅
汀九橋
龍珠島
青衣駅
荔景駅
馬灣 p.126
44 香港國際機場展望台
p.94【p.137】
青衣島
葵青
九龍駅
欣澳駅
迪士尼綫
陰澳
迪士尼駅
香港迪士尼樂園
博覧館駅
香港国際空港
機場駅
機場快綫・東涌綫
機場維修區 47
p.100【p.137】
赤鱲角
北大嶼公路
大白灣
愉景灣
老虎頭
大水坑
港珠澳大橋
東涌 p.126
昂坪360
梅窩 p.126
ランタオ島
大嶼山
象山
大東山
銀鑛灣
昂坪市集
南大嶼郊野公園
喜靈洲
昂坪
天壇大佛 39
p.85【p.136】
41 心經簡林
p.88【p.136】
鳳凰山
寶蓮寺
芝麻灣
羗山
石壁水塘
塘福
長沙
貝澳灣
芝麻灣半島
大磡森
長沙海灘
石壁
大浪灣
長洲太平清醮メイン会場 57
p.120【p.139】
長洲
長洲渡輪碼頭
(Cheung Chau Ferry Pier)
分流
索罟群島
2km
坪洲
37 超記瓷器
p.82【p.136】
37 東灣
p.82【p.136】
永東街
坪洲
37 手指山
p.82【p.136】
坪洲渡輪碼頭
(Peng Chau Ferry Pier)
500m

唐太宗
唐太宗・活络油的名門正宗

各スポットへの詳細アクセス

Access

【案内ルートについて】

◉ すべて香港島のMTR中環（セントラル／Central）駅と中環碼頭（フェリー乗り場）を起点としたルート、所要時間とする。
※MTR香港駅は中環駅と構内の通路でつながっているので起点扱いとしている。

◉ 乗り換えが少なく、できるだけシンプルに動けるルートを優先。

◉ バス番号、駅名を含む、掲載の情報は2018年12月現在のものに基づく。

西環泳棚

Sai Wan Swimming Shed

スポット紹介 ▶ p.010　マップ ▶ p.124【香港島】

MTR 中環駅 G 出口右折すぐ〈置地廣場・德輔道中〉バス停から摩星嶺行き 1 番バスで約 25 分。〈明愛賽馬會宿舍・域多利道〉下車、来た方向に 100 メートルほど戻り、「西環街坊福利會」と書かれたゲート（写真参照）を入り、坂を下って約 5 分

1

山頂花園涼亭

Victoria Peak Garden Pavilion

スポット紹介 ▶ p.012　マップ ▶ p.124【太平山】

MTR 中環駅 A1 出口前の交易廣場（エクスチェンジスクエア／ Exchange Square）バスターミナルから山頂（ビクトリアピーク）行き 15 番バスで終点まで 45 分。「太平山餐廳」というレストラン横の柯士甸山道を道なりに進む（二股にわかれるところは常に左の道へ）。途中、白壁に青い窓枠の「旧総督山頂別墅守衛室」（写真参照）を左手に見ながらさらに進み、行き止まりの先が涼亭。バスを降りてから徒歩約 40 分。タクシー利用も可能

2

山頂食水配水庫

Peak Fresh Water Service Reservoir

スポット紹介 ▶ p.014　マップ ▶ p.124【太平山】

2 の「旧総督山頂別墅守衛室」少し前の分岐点（写真参照）を右に入り、次の分岐点（階段）も右へ進む。バスを下車してから徒歩約 30 分

3

盧吉道

Lugard Road

スポット紹介 ▶ p.016　マップ ▶ p.124【太平山】

MTR 中環駅 A1 出口前の交易廣場（エクスチェンジスクエア／ Exchange Square）バスターミナルから山頂（ビクトリアピーク）行き 15 番バスで終点まで 45 分。ピークタワー正面向かって左の細い道が盧吉道。眺望が開けるのは 10 分ほど進んでから

4

瀑布／瀑布灣

Waterfall / Waterfall Bay

スポット紹介 ▶ p.018　マップ ▶ p.124【香港島】

MTR 中環駅 A1 出口直結の交易廣場（エクスチェンジスクエア／ Exchange Square）バスターミナルから華富（南）行き 4X 番バスで終点まで約 30 分。バスターミナルの後方へ伸びる道を進み、最初の左折路（瀑布灣道）に入り坂を下ると瀑布灣公園。公園の中を右に進むと左手に滝へ降りる階段がある。 バス下車後徒歩約 10 分

5

石澳村

Shek O Beach

スポット紹介 ▶ p.019　マップ ▶ p.124【香港島】

MTR で中環→筲箕灣 約 25 分。筲箕灣駅 A3 出口目の前のバスターミナルから石澳行き 9 番バスで終点まで約 30 分。バス停を左へ道なりに進んだすぐ先の駐車場右手がビーチ

6

Access

7 華富邨 銀都冰室
Wah Fu Estate, Silver Café

スポット紹介 ▶ p.020 マップ ▶ p.124【香港島】

5 で下車した終点のバスターミナル正面にある華富商場を真っ直ぐ進み、突き当たりの広場の前の棟。バスを降りてから徒歩 3 分

8 香港仔水塘
Aberdeen Reservoirs

スポット紹介 ▶ p.022 マップ ▶ p.124【香港島】

MTR 中環駅 A1 出口前の交易廣場（エクスチェンジスクエア／ Exchange Square）バスターミナルから山頂（ビクトリアピーク）行き 15 番バスで約 30 分〈灣仔峽道〉下車。背後の灣仔峽道公園に沿って進み、右側の香港仔水塘道（写真参照）を入る。標示に沿って進み、約 30 分で上の貯水池着。下の貯水池まではさらに 10 分。下の貯水池から香港仔（アバディーン／ Aberdeen）の街までは徒歩約 20 分

9 香港仔避風塘
Aberdeen Typhoon Shelter

スポット紹介 ▶ p.024 マップ ▶ p.124【香港島】

MTR 中環駅 A1 出口前の交易廣場（エクスチェンジスクエア／ Exchange Square）バスターミナルから華貴行き 70 番バスで約 25 分、〈香港仔海濱公園〉下車目の前。対岸の鴨脷洲へは公園内の乗り場から船で約 5 分

10 西區公眾貨物裝卸區
Western District Public Cargo Working Areas

スポット紹介 ▶ p.026 マップ ▶ p.124【香港島】

MTR で中環→香港大學 約 6 分。香港大學駅 B2 出口を出て直進、高速道路をくぐり、トラム整備場を右手に見ながら直進して突き当たり左側。徒歩約 10 分

11 大潭篤水塘水壩
Tai Tam Tuk Reservoir Dam

スポット紹介 ▶ p.028 マップ ▶ p.124【香港島】

MTR で中環→西灣河 約 20 分。西灣河駅 A 出口すぐ前のバス停から赤柱砲台行き 14 番バスに乗車して約 20 分。〈大潭水塘（北）〉下車、進行方向へ道なりに約 3 分進み左手の小道を下り約 5 分。ダム上の道は歩行不可のため、バス車内から見物

12 大頭洲
Tai Tau Chau

スポット紹介 ▶ p.030 マップ ▶ p.124【香港島】

6 の終点のバス停を左へ。すぐ左手の石澳山仔路を入り道なりに突き当たりまで進み、海沿いの小道を左へ。バス下車後徒歩約 20 分

海運觀點

Ocean Terminal Deck

スポット紹介 ▶ p.034　マップ ▶ p.125【九龍西部】

中環碼頭（フェリーピア）7 番乗り場から天星小輪（スターフェリー）で約 5 分。下 13
船後左へ進んだ先の海港城（ハーバーシティ／ Harbour City）内

大包米訊號塔

Signal Tower at Blackhead Point

スポット紹介 ▶ p.036　マップ ▶ p.125【九龍西部】

MTR で中環→尖沙咀 約 6 分。尖沙咀駅 G 出口（尖東駅）方面へ進み、N5 出口横の 14
麼地道を左手に進む、最初の右折路（緬甸臺）を入り約 200 メートル左手の「訊號山花園」（写真参照）の門から入る。MTR 下車から徒歩約 20 分

紅磡渡輪碼頭

Hung Hom Ferry Pier

スポット紹介 ▶ p.038　マップ ▶ p.125【九龍西部】

MTR で中環→北角 約 13 分。北角駅 A1 出口を出て直進すぐの北角渡輪碼頭から紅磡 15
（ホンハム／ Hung Hom）行きフェリーに乗り約 5 分

九龍麪粉廠

Kowloon Flour Mills

スポット紹介 ▶ p.039　マップ ▶ p.125【九龍東部】

MTR で中環→北角→油塘→牛頭角 約 30 分。牛頭角駅 B6 出口を左折、勵業街を突き 16
当たりまで直進、海濱道を左折して 5 分

君立酒店

Camlux Hotel

スポット紹介 ▶ p.040　マップ ▶ p.125【九龍東部】

MTR で中環→旺角→九龍灣 約 30 分。九龍灣駅 C 出口直結のショッピングモールを 17
真っ直ぐに抜け、モールからつながる連絡通路を渡りオフィスビルへ入る。すぐ左前にある出口から外へ出て右へ。突き当たりの臨興街を右折、2 ブロック進み、九龍巴士（KMB）のバスターミナルビルの先の宏光道を渡って左折すぐ。MTR 下車から徒歩約 15 分

啟德跑道公園

Kai Tak Runway Park

スポット紹介 ▶ p.042　マップ ▶ p.125【九龍東部】

MTR で中環→旺角→九龍灣 約 30 分。九龍灣駅 C 出口直結のショッピングモールを 18
真っ直ぐに抜け、連絡通路右手に映画館が見えたところで左側の通路を入り直進。左手の小巴（ミニバス）乗り場から、郵輪碼頭行き 86 番小巴で終点まで約 15 分

Access

19

觀塘海濱花園
Kwun Tong Promenade

スポット紹介 ▶ p.044　マップ ▶ p.125【九龍東部】

MTRで中環→北角→油塘→牛頭角 約30分。牛頭駅B6出口を左折し、勵業街を直進、徒歩約10分

20

茶果嶺天后廟
Cha Kwo Ling Tin Hau Temple

スポット紹介 ▶ p.045　マップ ▶ p.125【九龍東部】

MTRで中環→北角→油塘 約20分。油塘駅B2出口を右折し、茶果嶺道を直進右手。徒歩10分

21

茶果嶺村 榮華冰室／開記（協和）冰室
Cha Kwo Ling Village

スポット紹介 ▶ p.046　マップ ▶ p.125【九龍東部】

20から茶果嶺道をさらに約10分進んだ右手

22

鯉魚門燈塔
Lei Yue Mun Coast Light House

スポット紹介 ▶ p.048　マップ ▶ p.125【九龍東部】

MTRで中環→北角→油塘 約20分。油塘駅A2出口から茶果嶺道を進み「三家村遊楽場」（公園と運動場）を右手に見ながら道なりに徒歩約10分で鯉魚門。海鮮レストランが並ぶ通路を進み約7分

23

大埔墟富善街
Tai Po Market, Fu Shin Street

スポット紹介 ▶ p.052　マップ ▶ p.126【新界東部】

MTRで中環→旺角→九龍塘→大埔墟 約45分。大埔墟駅A3出口を右へ、線路沿いの通路を進み、突き当たりを右。大埔墟街市を左手に見ながら郷事會街を左折、突き当たりの寶郷街を右折、ひとつ目の左折路の懐義街（途中で崇德街に名前が変わる）に入り、道なりに進むと右手に富善街。徒歩15分。香港鐵路博物館は、崇德街をそのまま直進。駅から約20分

24

綠匯學苑（舊大埔警署）
Green Hub [The Old Tai Po Police Station]

スポット紹介 ▶ p.054　マップ ▶ p.126【新界東部】

23の大埔墟街市まで進み、右の通頭街へ入る。最初の道を右折してすぐの「運頭角道休憩処」（小さな公園）の通路を抜けて「運頭角里」という坂道を上って左手。駅から徒歩約10分

船灣淡水湖主壩
Plover Cove Reservoir Main Dam

スポット紹介 ▶ p.056　マップ ▶ p.126【新界東部】

MTRで中環→旺角→九龍塘→大埔墟 約45分。大埔墟駅A3出口すぐ前の地下通路を進んでバスターミナルへ。大美督行き75K番バスで終点まで約40分。バス停手前にレンタル自転車店が並んでいる

普通の自転車は1時間40～50香港ドル。2人乗り、4輪の自転車などもあり

25

船灣避風塘防波堤
Plover Cove Typhoon Shelter Breakwater

スポット紹介 ▶ p.058　マップ ▶ p.126【新界東部】

MTRで中環→旺角→九龍塘→大埔墟 約45分。大埔墟駅A3出口前の地下通路を進んでバスターミナルへ。三門仔行き74K番バスで約30分。〈船灣避風塘〉下車、右手やや後ろに防波堤がある

26

嘉頓展覽館
Garaden Gallery

スポット紹介 ▶ p.060　マップ ▶ p.127【新界西部】

MTRで中環→荃灣 約30分　荃灣駅B2出口から連絡通路を通って隣のビルの小巴（ミニバス）乗り場へ。青龍頭行き小巴96M乗車約20分、〈嘉頓麵包廠〉下車すぐ。※小巴乗車時にドライバーに降車バス停名を書いた紙を見せておくと安心

連絡通路天井に小巴乗り場の案内あり

27

城門水塘主壩
Shing Mun Reservoir Main Dam

スポット紹介 ▶ p.062　マップ ▶ p.127【新界西部】

MTRで中環→荃灣 約30分　荃灣駅B2出口から連絡通路で青山公路を渡り、左の階段を下りてすぐの眾安街を右へ。ひとつ目の道が兆和街で小巴（ミニバス）乗り場が並ぶ。城門水塘行き82番小巴で終点まで約15分。下車後、右の道へ徒歩約30分。要所に案内標示が出ている

28

城門水塘　白千層林
Shing Mun Reservoi Paper-bark Tree Forest

スポット紹介 ▶ p.064　マップ ▶ p.127【新界西部】

28の小巴（ミニバス）下車後、左後ろ方面の坂道を「賞蝶園（Butterfly Paradise）」の標示（写真参照）に沿って進む。徒歩約30分

29

南生圍
Nam Sang Wai

スポット紹介 ▶ p.066　マップ ▶ p.127【新界西部】

MTR中環駅から徒歩で構内直結の香港駅→南昌→元朗 約35分。元朗駅G2出口につながった横断歩道を渡った下のバス停から山貝村行き611番小巴（ミニバス）で終点まで約20分、標示（写真参照）に沿い徒歩約5分で渡し船乗り場着

この「山貝河碼頭」は、渡し船乗り場のこと

30

Access

31

下白泥
Ha Pak Lai

スポット紹介 ▶ p.068　マップ ▶ p.123

MTR 中環駅から徒歩で構内直結の香港駅→南昌→元朗 約35分。元朗B出口から朗日路を直進､横断歩道を渡って右折して元朗安樂路を進み、元朗泰祥街を左折、ひとつめの元朗東堤街を右折してひとつめが泰豊街で小巴（ミニバス）乗り場が並んでいる。33番小巴で約35分。鴨仔坑周辺（写真参照）で下車。「鴨仔坑多士」と書かれたゲートを入り、標示に従い左側の道を進み徒歩5分

ゲートを管理している鴨仔坑多士は20時閉店。入り口の門も同時に閉まるので要注意

※小巴乗車時にドライバーに降車地名を書いた紙を見せおくと安心

32

流浮山
Lau Fau Shan

スポット紹介 ▶ p.070　マップ ▶ p.127【新界西部】

MTR 中環駅から徒歩で構内直結の香港駅→南昌→元朗 約35分。元朗G1出口からエスカレーターを下り､目の前のバスターミナルから流浮山行き K65番バスで終点まで約30分

33

萬宜水庫東壩
High Island Reservoir East Dam

スポット紹介 ▶ p.072　マップ ▶ p.122

MTR で中環→旺角→彩虹 約30分。彩虹駅C2出口すぐの小巴（ミニバス）乗り場から、西貢碼頭行き 1A 小巴で終点まで約30分。右手の乗り場からタクシーにて約30分（130香港ドルほど）

34

萬佛寺
Ten Thousand Buddhas Monastery

スポット紹介 ▶ p.074　マップ ▶ p.126【新界東部】

MTR で中環→旺角→九龍塘→沙田 約35分。沙田駅B出口からスロープを下り、道なりに進む。排頭街を左折、最初の角（大型ショッピングモールの脇）を右折し、突き当たりの細道を標示に従い左折。駅から徒歩約10分

35

青山寺
Tsing Shan Monastery

スポット紹介 ▶ p.076　マップ ▶ p.123

MTR で中環から徒歩で構内直結の香港駅→南昌→屯門 約50分。屯門駅A出口から左折し杯渡路を直進、突き当たり青雲路を左折して5分ほど進み、青山寺の看板（写真参照）のある細道に入り坂を上る。駅から徒歩40分。門前までタクシー利用可能

36

花炮展覽館
Fa Pau Exhibition Hall

スポット紹介 ▶ p.078　マップ ▶ p.127【新界西部】

MTR 中環駅から徒歩で構内直結の香港駅→南昌→屯門 約50分。屯門駅B出口右手の屯門公園に入り、屯門河沿いに直進、最初の橋を渡り目の前の天后廟廣場の奥。徒歩約10分

坪洲 37

Peng Chau

スポット紹介 ▶ p.082　マップ ▶ p.127【坪洲】

中環碼頭（フェリーピア）6 番乗り場左側からフェリーで約 40 分

フェリー時刻表・運賃：港九小輪控股有限公司　www.hkkf.com.hk

銀礦灣泳灘 38

Silver Mine Bay Beach

スポット紹介 ▶ p.084　マップ ▶ p.126【梅窩】

中環碼頭（フェリーピア）6 番乗り場右側から高速フェリーで約 40 分　梅窩碼頭から銀礦灣道を道なりに進み、最初の橋を渡り東灣頭路を進んですぐ。徒歩約 10 分

フェリー時刻表・運賃：新渡輪 First Ferry　www.nwff.com.hk

天壇大佛 39

The Big Buddha

スポット紹介 ▶ p.085　マップ ▶ p.127【大嶼山および新界南部】

MTR 中環駅から徒歩で構内直結の香港駅→東涌 約 40 分。東涌駅 B 出口前の広場左側から美東街を進み横断歩道を渡った右手の東涌臨時巴士総站（バスターミナル）まで徒歩 5 分、昂坪行き 23 番バスで終点まで約40 分。もしくは、バスターミナル左隣の専用乗り場から昂坪行きロープウェイで約 25 分。バス下車約 10 分、ロープウェイ下車約 15 分で天壇大佛　**ロープウェイ運行状況など**：昂坪 360　www.np360.com.hk

白銀郷／銀礦瀑布 40

Pak Ngan Heung / Silvermine Waterfall

スポット紹介 ▶ p.086　マップ ▶ p.126【梅窩】

38 の梅窩碼頭を出て銀礦灣道を入り江に沿ってに進み、銀石街の橋を渡り左の「梅窩遊楽場」（サッカー場）を越えた右の梅窩郷事會路を入り、途中二股に分かれたところを左へ。道路標示（写真参照）に従い道なりに進み白銀郷まで徒歩約 15 分、銀礦瀑布まで徒歩約 25 分

心經簡林 41

Wisdom Path

スポット紹介 ▶ p.088　マップ ▶ p.127【大嶼山および新界南部】

看板の出ている店は閉店している

39 の天壇大佛を右手に見ながら昂坪路を 5 分ほど進み、右手に案内標示（写真参照）がでてきたところで「昂坪奇趣徑」という細い通路に入る。道なりに歩いて約 15 分

大澳 42

Tai O

スポット紹介 ▶ p.090　マップ ▶ p.127【大澳】

40 の東涌臨時巴士総站（バスターミナル）から大澳行き 11 番バスで終点まで約 50 分。大涌行人橋（横水橋）へは徒歩 2 分。周辺がお土産店などの並ぶ商店街になっている。蝦醬店は大澳警署方面へ徒歩 20 分。分岐点などの要所には標示がある（写真参照）

43 大澳觀景台
Tai O Viewing Platform

スポット紹介 ▶ p.092　マップ ▶ p.127【大澳】

42 の終点のバス停前から大澳永安街を進み、大涌行人橋（横水橋）を渡り直進、突き当たりの吉慶後街を右折。市街地から住居エリアを抜けて徒歩約 20 分、宝珠潭という沼が左に、楊侯古廟を右手に進むと廃校が現れる。二股の左の道を進み、突き当たりを右折して校舎の裏手を進む(このあたりから案内標示が出ている)。最初の二股を右へ。スロープを上がった先が展望台。バス下車から徒歩約 30 分

44 香港國際機場展望台
Hong Kong International Airport Sky Deck

スポット紹介 ▶ p.094　マップ ▶ p.127【大嶼山および新界南部】

MTR 中環駅から徒歩で構内直結の香港駅へ。エアポートエクスプレスで約 25 分、機場駅下車。香港国際空港第 2 ターミナル、レベル 6 の映画館や航空関連展示ブースのある翔天廊（スカイプラザ／ Sky Plaza）奥から専用エレベーターで上がる
入場料：大人 15 香港ドル（映画チケットの販売カウンターで購入）

45 馬灣涌碼頭
Ma Wan Chung Pier

スポット紹介 ▶ p.096　マップ ▶ p.126【東涌】

MTR 中環駅から徒歩で構内直結の香港駅→東涌 約 40 分。東涌駅 B 出口目の前のビル内にあるバスターミナルから逸東邨行き 37 番バスで終点まで約 5 分。逸東街を直進し東涌道北を左折。「黄泥屋」の集落を道なりに抜けると碼頭が現れる

46 東涌炮台
Tung Chung Fort

スポット紹介 ▶ p.098　マップ ▶ p.126【東涌】

39 の東涌臨時巴士総站（バスターミナル）から梅窩碼頭行き 3M 番バスで約 10 分〈上嶺皮 , 東涌道〉下車すぐ右の石門から入る

47 機場維修區
Airport Maintenance Area

スポット紹介 ▶ p.100　マップ ▶ p.127【大嶼山および新界南部】

45 のバスターミナルから飛機維修區行き S52 番バスで終点まで約 15 分。来た道を徒歩約 10 分戻る

標示などのない道なので、バスで通過中に位置の目安をつけて

48 南丫風采發電站
Lamma Winds

スポット紹介 ▶ p.102　マップ ▶ p.124【香港島】

中環碼頭（フェリーピア）4 番乗り場から榕樹灣行きフェリーで約 30 分。道路標示に沿って洪聖爺沙灘方向へ進み、南丫島警崗（警察署）の標示（写真参照）がある十字路を左折。下船から徒歩約 30 分
フェリー時刻表・運賃：港九小輪控股有限公司　www.hkkf.com.hk

發電廠沙灘
Lamma Power Station Beach

スポット紹介 ▶ p.104　マップ ▶ p.124【香港島】

48 と同じように洪聖爺沙灘方向へ進み、途中の「亞婆豆腐花」（豆腐デザートの店）の脇の小道を右折して直進。徒歩約 20 分
※街灯が少ないので夜道はくれぐれも注意のこと
フェリー時刻表・運賃：港九小輪控股有限公司　www.hkkf.com.hk

49

馬灣村
Ma Wan Village

スポット紹介 ▶ p.106　マップ ▶ p.126【馬灣】

中環碼頭（フェリーピア）2 番乗り場から珀麗灣行きフェリーで約 30 分。下船後、左手に伸びる珀麗路（遊歩道）を進む。途中で普通の道路になったところから芳園路と名称が変わる。方園路からひとつめの三叉路を右折、すぐ左手の林の中に芳園書室が見える。手前の通路に小さく「天后廟」の標示があるので（写真参照）、左折して標示通り進む。下船後約 15 分で芳園書室、約 25 分で馬灣村
フェリー時刻表・運賃：珀麗灣客運有限公司　www.pitcl.com.hk/tc

50

馬灣東灣泳灘
Ma Wan Tung Wan Beach

スポット紹介 ▶ p.108　マップ ▶ p.126【馬灣】

50 の珀麗路を進み、遊歩道の終わり少し手前左にビーチに降りる階段がある。下船後徒歩 10 分弱

51

鹽田梓
Yim Tin Tsai

スポット紹介 ▶ p.110　マップ ▶ p.126【新界東部】

MTR で中環→旺角→彩虹 約 30 分。彩虹駅 C2 出口すぐの小巴（ミニバス）乗り場から、西貢碼頭行き 1A 小巴で終点まで約 30 分。すぐ前の公共船乗り場から村が運行する渡し船で約 15 分
フェリー時刻表・運賃：鹽田梓村 www.yimtintsai.com/index.php/reception
※島に渡れるのは土日祝のみ

左記のほかにも乗り合い船の業者が並んでいるので時間の合う業者を選んで

52

塔門
Grass Island

スポット紹介 ▶ p.112　マップ ▶ p.122【塔門】

52 の西貢碼頭の小巴バスターミナル右手にある 2 階建てバスターミナルから黃石碼頭行き 94 番バスで終点まで約 30 分。目の前の船着き場から塔門行きフェリーで終点まで約 30 分
フェリー時刻表・運賃：翠華旅遊有限公司　http://www.traway.com.hk/ferry

53

東龍洲
Tung Lung Chau

スポット紹介 ▶ p.114　マップ ▶ p.122

MTR で中環→西灣河 約 20 分。西灣河駅 A 出口を右折直進。突き当たりの横断歩道を渡った先にある大型マンション右脇の船着き場（筲箕灣避風塘碼頭）から東龍洲行きの船で終点まで約 40 分。※船は土日祝のみの運行
フェリー時刻表・運賃：碧海船務有限公司 http://boatpeople.com.hk/skw6

駅から船着き場までの道のりには標示も出ている

54

Access

55

蒲台島

Po Toi Island

スポット紹介 ▶ p.116　マップ ▶ p.122

MTR 中環駅 A1 出口前の交易廣場（エクスチェンジスクエア／ Exchange Square）バスターミナルから赤柱監獄行き 6 番もしくは 6X 番、70 番バスで約 30 分〈赤柱廣場〉下車。ショッピングモールを抜け、フェリー乗り場（赤柱卜公碼頭）まで徒歩 5 分。蒲台島まで船で約 30 分

フェリー時刻表・運賃：翠華船務（香港）有限公司　www.traway.com.hk/ferry

※運行曜日注意のこと。赤柱ー蒲苔島の便は土日祝のみ。火木は香港仔から運航

56

橋咀洲

Sharp Island

スポット紹介 ▶ p.118　マップ ▶ p.126【新界東部】

52 の公共船乗り場周辺に並んでいる観光渡し船申し込みブースで時間の合う船に申し込み。乗り合い船で 15 分。（運賃は往復で 40 ～ 50 ドル程度）。平日は渡し船の数が少ない

57

長洲

Cheung Chau

スポット紹介 ▶ p.120　マップ ▶ p.127【大嶼山および新界南部】

中環碼頭（フェリーピア）5 番乗り場右側から高速船で約 30 分

時刻表・運賃：新渡輪 First Ferry　www.nwff.com.hk

Column

乗るとき、降りるときに使いたい広東語

乗車時（行き先を書いた紙を見せて）

日　ここに行きたいです

広　我《ンオー》想《ソン》去《ホイ》呢《ニー》度《ドー》

日　ここへ行きますか？

広　去《ホイ》唔《ン》去《ホイ》呢《ニー》度《ドー》？

日　着いたら教えてください

広　到《ドウ》咗《ジョー》講《ゴン》俾《ベイ》我《ンオー》知《ジィ》唔《ン》該《ゴーイ》

降車時

日　その少し先で降ります

広　前《チン》面《ミン》有《ヤウ》落《ロッ》唔《ン》該《ゴーイ》

日　（タクシーで）レシートをください

広　唔《ン》該《ゴーイ》出《チョッ》張《ジョン》收《サウ》據《グイ》俾《ベイ》我《ンオー》

日　（バイバイ代わりの）ありがとう

広　唔《ン》該《ゴーイ》

この本で利用する主な乗り物について

本書で紹介の場所へ行くために利用する公共交通機関は5つ。
端から端まで細かく交通網が張り巡らされているので、
それぞれを乗りこなせば「癒やし旅」がグンと身近なものになる。
賢いアプリやガイドブックなどの情報と組み合わせて、
これら乗り物を怖がらず使ってみて欲しい。

MTR《エムティーアール》

公共交通機関の基本のキ

鉄道。「香港鐵路」を略して港鐵《ごんてぃっ》とも呼ばれる。ガイドブックなどで「地下鉄」と書かれることも多いが、地上走行区間も多くある。基本的に駅間の距離に応じて加算されていく料金体系で、香港島ー九龍の海底トンネルを通過する場合や、新規開通路線などは別途割り増し計算される。主要な駅には複数の改札があり、そこからつながる出口も多数あるため、改札を出る前に目的地への利用出口の再確認を。改札内には略図が、改札外には周辺地図なども掲示されている。

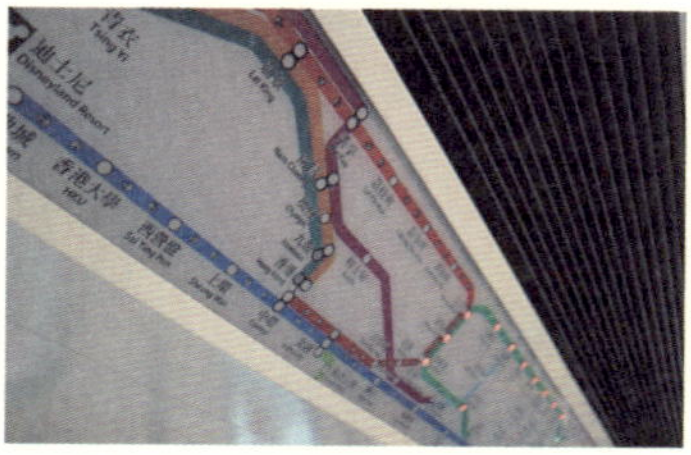

渡輪《ドウロン》

海の上の生活交通網

フェリー。本書で紹介のフェリーは、P.38 の紅磡ー北角を航行するフェリー以外はすべて中環のフェリーピアから運航している。運賃はフェリー乗り場に入場する際の先払い。八通達使用の場合は改札を通り、現金の場合は窓口で支払う。運航会社、航路、平日と休日、高速船か普通船かなどの諸条件によって運賃が異なるので、利用前に P.130-139「アクセス」に記載の各社サイトでタイムスケジュールとともに確認を。船内の座席は自由席だが、座れないことはまずない。また、よりエアコンが効いている「豪華位」と呼ばれる席が設けられている船もあり、希望するときは専用の改札から入場する必要がある。

的士《ディックシー》

困ったときには頼りたい

タクシー。完全メーター制。香港島と九龍は赤、新界は緑、ランタオ島は青と走行エリアで車体が色分けされている（例外もあるため赤いタクシーをエリア外で見ることも多い）。

本書でタクシーを使用する部分は少ないが、香港のタクシーは比較的低料金のため、体調や時間の都合にあわせて上手に使いたい。行き先は大きくハッキリとした文字で（老眼のドライバーも多い）紙に書いて見せるのが確実。道路に黄色い二重線が引かれているところは停車禁止区域で、乗車も降車もできないので注意。トランクに荷物を入れた場合や、香港島ー九龍のトンネルを通過した場合は実費が加算される。

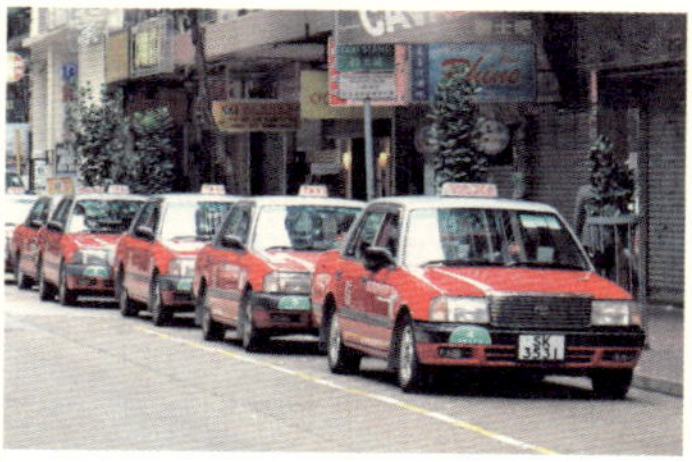

Access

巴士《バーシー》
バスを征する者は香港を征す

バス。基本は2階建のダブルデッカー。香港島、九龍、新界を走る主なバスに、城巴（Citybus）新巴（First Bus）、九巴（Kowloon Bus）があり、すべてに行き先ごとのバス番号が振られている。大嶼山（ランタオ島）には新大嶼山巴士（New Lantao Bus）、香港国際空港と北部大嶼山北部や新界を結ぶ龍運巴士（Long Win Bus）も走る。運賃はバス停の路線図などと共に記されているほか、乗車するとすぐに目につく八通達（オクトパスカード＝ICカード）のリーダー部分に明示されている。ほとんどが距離に応じて変動する運賃体系で、乗車時に、乗車場所から終点までの分を支払う。現金払いの場合おつりは出ないので小銭の用意が必要。路線検索やバス停の場所などがわかる専用アプリも充実しているので活用したい。

小巴《シウバー》
筆談が必勝のカギ

ミニバス。小型巴士のことで、16人乗りもしくは19人乗りの定員制。座席数以上の乗車はできない。屋根部分が緑と赤の2種類がある。〈緑〉は定路線を走行、車体前面に行き先と路線番号が書かれていてバス停もある（都市部を離れると、手製の看板のようなささやかなバス停になる）。運賃はバス停に書かれている場合もあるが、乗ってから表示を確認するのが確実。固定制の先払い、現金・八通達どちらでも支払い可。おつりはでない。〈赤〉は発着地点は固定されているものの、途中のルートは自由とされている。そのため路線番号はなく、車体に表示されているのは行き先名のみ。経由地はフロントガラス部分にプレートが差し込まれていたり、乗降口周辺の窓に貼られている。始発の場所以外にはバス停といえるような明確なものはなく、走行ルート上で手を上げて止める必要がある。運賃は降車地点ごとの変動制で降車時に支払う。現金のみで、500ドル以上の高額紙幣でなければおつりはもらえる。〈緑〉〈赤〉ともに、降車するにはドライバーに対して降りる意思を伝える声がけが必要なので、乗車時に目的地を書いた紙をドライバーに見せておくと安心。近づくと知らせてくれる。

旅立つ前に入れておきたい、交通系便利アプリ

経路や乗り換え、バス停の場所や運賃など、移動する前に知っておきたいことが調べられる交通アプリ。日本語表示はないが、繁体字中文の拾い読みでも問題なく使える。

MTR
MTR Mobile

城巴・新巴
CityBusNWFB

九巴
APP 1933 - KMB.LWB

交通系複合アプリ
HKeTransport
（香港乗車易）

その道の先で、
たくさんのときめきに出会えますように。

文・写真　池上千恵　Chie Ikegami

フリーライター。出版社勤務を経て、約6年香港に居住し、観光ガイドサイトで専属ライターを務める。現在は頻繁な訪港で生活感のある香港を探求し、雑誌・ウェブを中心に執筆活動中。香港政府観光局公認『超級香港迷』(大の香港ツウ)として講演なども行う。著書に『香港女子的裏グルメ』『香港路地的裏グルメ』『香港 無問題』など。

その道《みち》の先《さき》に行《い》ってみれば、
街《まち》とは違《ちが》うときめきがありました

空《そら》と緑《みどり》のおもてなし
香港《ほんこん》癒《い》やしの半日旅《はんにちたび》

2018年12月15日　発　行　　NDC 292

著　者　　池上千恵《いけがみちえ》
発行者　　小川雄一
発行所　　株式会社 誠文堂新光社
〒113-0033　東京都文京区本郷3-3-11
［編集］　電話 03-5805-7285
［営業］　電話 03-5800-5780
http://www.seibundo-shinkosha.net/
印刷・製本　図書印刷 株式会社

ISBN978-4-416-61895-0

写真(P.2-3)　郭 亦升 Terence Kwok
監修　香 格琳 Jimmy Heung

デザイン　小川直樹
地図　村大聡子(atelier PLAN)
校正　中野博子
編集　十川雅子

協力　香港政府観光局
Hong Kong Tourism Board
キャセイパシフィック航空
Cathay Pacific Airways Limited
君立酒店
Camlux Hotel

治癒系香港半日遊
Relaxing Half-Day Itinerary of Hong Kong
綠野藍天的讚禮
Indulge Yourself in The Natural Beauty